무한을

향한

열정

무한을

향한

열정

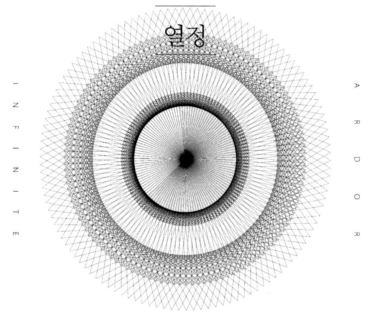

I N F I N I T E

A R D O R

조홍길 지음

한국학술정보

　'무한(Infinity)'이라는 말은 오늘날 예사롭게 쓰이고 심지어 각
광까지 받고 있다. 예컨대, '무한전쟁'이라는 게임이 유행하고 있
고 '무한도전'이라는 방송프로그램도 오랫동안 시청자들의 사랑
을 받고 있다. 그러면 옛날에도 이 말이 예사롭게 사용되었을까?

　동양에서는 '무한'이라는 말은 없었지만 그것에 갈음할 수 있
는 무애(無涯), 무변(無邊), 무량(無量), 무극(無極) 등의 말이 사용
되어 왔다. 그리고 이 말들이 별달리 거부당하지 않았지만 널리
사용된 건 아니었다. 그 반면에 서양에서는 '무한'이라는 말은 고
대 그리스 시대부터 배척을 받아왔다. 이 시대에는 '무한'의 개념
은 삶과 학문에 유해한 것으로 간주되었다. 고대 그리스인들은 무
한은 무한정한 것(aperion)이기 때문에 삶과 학문의 척도가 될 수
없다고 여겼으며 유한하고 명료한 것을 선호하였다. 그리하여 그
들은 무리수와 같은 한정할 수 없는 수를 인정할 수 없었고 1, 2,
3 등의 양의 정수만을 신의 수로 인정하였다.

그렇다고 해서 고대 그리스에서 무한이 전혀 거론되지 않은 건 아니었다. 엘레아 학파의 제논은 스승인 파르메니데스의 일자 철학을 옹호하고 운동과 변화를 부정하기 위해서 여러 가지 역설들을 고안해내었다. 그런데 이 역설들은 서양철학사에 처음으로 무한의 문제를 제기하였다. 하지만 그것이 고대 그리스인들의 마음을 사로잡지는 못하였다.

이 역설들이 무한이라는 말썽거리를 야기할 수 있다고 여긴 아리스토텔레스는 『형이상학』과 『자연학』에서 무한을 가무한(Potential Infinity)과 실무한(Actual Infinity)으로 나눔으로써 제논의 역설을 물리치려고 하였다. 즉, 그는 가무한만을 인정하고 실무한을 거부함으로써 사실상 무한을 철학의 영역에서 배제하려고 한 셈이었다. 그의 이러한 생각은 거의 2000년 동안 서양문화를 지배해왔다. 그렇기 때문에 그 이후 무한을 탐구하려는 시도는 거의 사라져버렸다. 심지어 기독교가 패권을 장악했던 서양의 중세에서도 절대자인 신만이 무한의 영광을 누렸던 반면에 신 이외의 모든 것은 유한의 굴레를 벗어나지 못하였다.[1] 따라서 무한이라는 말이 서양의 고대나 중세에서는 널리 쓰일 수도 없었고 무한의 개념도 깊이 탐구될 수 없었다.

특히 서양의 중세인들은 지구는 평평하여 그 끝에 다다르면 지구에서 떨어진다고 여겼고 우주도 지구를 중심으로 별들이 돌아가는 유한하고 폐쇄적인 천체라고 생각했다. 이에 상응하여 중세는 사회적으로도 왕, 귀족, 영주, 기사, 평민, 농노 등의 신분으로 촘촘하게 위계화되어 신분의 이동이 거의 불가능한 폐쇄적인 세계였다. 그러다가 르네상스와 종교개혁을 통하여 위계화된 신분 질서가 점차로 동요되고 과학과 철학이 종교적 예속으로부터 벗어나기 시작하였다. 이에 따라 유한하고 폐쇄적인 세계로부터 무한하고 열린 세계로 나아가는 과학적이고 철학적인 혁명이 일어나기 시작하였다. "유한하고 닫혀 있으며 위계적으로 질서화된 전체(가치의 위계가 어둡고 무겁고 불완전한 지구로부터 별들과 천구들의 점점 더 높아지는 완성으로 상승하는 존재의 위계와 구조를 결정하는 전체)로서의 세계의 개념이 철학적이고 과학적으로 타당한 개념들로부터 사라지고 이 유한한 우주가 … 무한정하고 무한한 우주에 의해 대체된다."[2] 이리하여 이제 사람들은 서서히 무한에 눈을 뜨기 시작했다.

1) 토마스 아퀴나스, 『신학대전 1』, 정의채 역, 바오로딸, 2008, p.365에 이런 분위기가 전형적으로 드러난다.

2) A. Koyré, *From the Closed World to the Infinite Universe*, The Johns Hopkins Press, 2016, p.4.

이런 시기에 갈릴레이는 과학에 바탕을 두고 무한을 과감하게 사유하였다. 그는 1 대 1 대응 관계에 근거해서 무한에는 유한과 달리 크거나 작다는 개념이 적용되지 않으며 따라서 제곱수가 자연수에 포함되지만 자연수들과 제곱수들은 그 개수가 같다고 주장하였다. "자연수 전체는 무한히 많고, 제곱수들도 무한히 많으며, 제곱근들도 무한히 많다. 그러나 제곱수들의 개수가 자연수 전체보다 적다고 말할 수 없고, 자연수 전체가 제곱수보다 많다고 말할 수 없다. 어떤 것들의 개수가 같다, 많다, 적다는 비교의 개념은 개수가 유한한 경우에만 적용할 수 있고, 무한인 경우에는 이런 개념이 아예 존재하지 않는다."[3] 갈릴레이의 이런 견해는 '전체는 부분보다 크다'라는 전통적 기준이 무한에는 적용되지 않는다는 것을 말해준다. 이런 점에서 그의 견해는 무한을 향한 새로운 접근을 보여준다고 할 수 있을 것이다.

그 뒤에 17세기에 이르러 뉴턴과 라이프니츠가 미적분학을 발명함으로써 무한미차(Infinitesimal)라는 무한소의 문제가 본격적으로 등장하였다. 미적분은 순간 속도와 가속도를 계산하든지 곡선의 길이나 곡선이 둘러싸는 면적을 구하든지 또는 함수의 최대치와 최소치를 구하는 문제를 해결하는 데 유용했다. 그렇지만 정

---

3) 갈릴레오 갈릴레이, 『새로운 두 과학』, 이무현 옮김, 사이언스북스, 2016, p.66. 제곱수는 자연수에 포함되지만 제곱수의 무한집합은 자연수의 무한집합과 일대일 대응되므로 자연수의 무한집합과 같다는 뜻이다.

자연수 = 1, 2, 3 …
     ↕ ↕ ↕
제곱수 = 1, 4, 9 …

작 무한미차라는 무한소의 문제는 19세기 중반까지 수학적으로 충분히 해결되지 못하였다. 19세기 중반에 이르러 바이어슈트라스가 유한한 수, ε 와 δ 의 관계에 토대를 두는 극한 정의를 통하여 이 문제를 해결하였다. 허나 바이어슈트라스의 극한 개념도 가무한을 벗어나지 못하였다. 바이어슈트라스 당시의 수학은 아직 실무한을 받아들일 준비가 되어 있지 않았기 때문이다. 그 당시에는 수학의 황제라 불렸던 가우스조차도 수학에서 무한을 사용해서는 안 된다고 보아 실무한을 내칠 정도였다.

19세기 말에 이르러 칸토어가 무한집합이론을 만들어내고 나서야 겨우 실무한이 수학에 적극적으로 사용되었다. 그는 초한수의 개념을 통해 실무한을 긍정하였고 초한수의 체계를 구성하기까지 하였다. 그의 무한집합이론은 처음에는 엄청난 반발을 샀지만 차츰 학계에 받아들여져 수학을 통일적으로 해석할 수 있는 기초가 되었다. 그러나 곧이어 그의 집합이론은 역설과 모순을 야기한다는 사실이 밝혀져 그의 무한 개념과 함께 거센 공격을 또다시 받았다. 칸토어의 무한집합이론을 지지하던 수학자들도 집합이론에 내재하는 역설과 모순을 해결하기 위해 필사적인 노력을 기울였다. 이런 공방의 싸움이 20세기 내내 줄곧 이어져 왔다. 이 과정에서 무한의 개념이 마치 수학에서만 다루는 주요한 문제인 것처럼 부각되기도 하였다.

그렇지만 무한은 본래 철학과 종교에서 다루던 문제이다. 서양에서는 제논의 네 가지 역설에서, 동양에서는 장자의 철학과 불교의 화엄 철학에서 무한의 문제가 제기되었다.[4] 단지 동양에서는 서양과는 달리 수학적으로 무한을 탐구하는 일은 없었다. 서양에 서도 17세기 이후 무한의 수학 즉 미적분학이 개발됨으로써 무한 의 문제가 수학에서 본격적으로 다루어졌을 뿐이다.

수학에서는 형식 논리적으로 무한의 문제에 접근했기 때문에 역설과 모순을 피하기 어려웠을 뿐만 아니라 20세기의 난제인 칸 토어의 연속체가설도 참인지 거짓인지 증명할 수 없었을 것이다. 수학적 사유에서는 모순은 제거되든지 피해가야 한다. 그러나 헤 겔은 무한 문제에 함축된 모순을 받아들여서 그것을 개념 운동의 원동력으로 삼는 사변적 사유로 무한 문제와 과감하게 대결하였 다. 그리하여 그는 관계적 존재론에 입각해 무한 문제를 명쾌하게 해결함으로써 수학의 형식적 처리로는 내놓을 수 없는 해결책을 제시하였다.

헤겔의 이런 작업은 변증법에 대한 불신과 함께 오랫동안 망각 되어왔지만 관계적 존재론을 통해서 다시금 강조되어야 할 것 같 다. 오늘날 우리는 형식적인 연산체계에 갇혀서 삶의 의미를 상실 하고 영적인 체험도 못한 채 욕구의 충족에만 매달리고 있기 때 문이다. 게다가 칸토어 이후 무한이 수학의 논란거리로 자리 잡아

---

4) 장자의 철학에서는 지대무궁(至大無窮, 가장 커서 끝이 없음)과 지소무미(至小無微, 가장 작아서 더 이상 작은 것이 없음)의 개념이 있다. 이것은 가무한에 상응한다. 그 리고 불교의 화엄 철학에서는 일중십, 십중일(一中十 十中一, 하나가 무한 속에 있고 무한이 하나 속에 있다)과 일즉십, 십즉일(一卽十 十卽一, 하나가 곧 무한이고 무한이 곧 하나이다)을 통하여 화엄의 세계를 드러내었다. 화엄 철학의 무한은 실무한에 상 응한다고 볼 수 있을 것이다.

철학의 논란거리로부터 사라졌기 때문이다.

헤겔은 이미 청년 시기에『기독교의 정신과 그 운명』에서 성서 해석에 근거해 무한을 향한 열정과 영적인 체험을 강조하였다. 그 뒤『논리학』에서 그는 이러한 열정과 체험을 형이상학적으로 논리화하였다. 그런 맥락에서 헤겔의 무한 개념을 현대적 시각에서 되새겨 보는 작업이 의미 있다고 생각한다.

이를 위하여 이 글은 제논의 역설에 대한 헤겔의 비판으로부터 시작한다. 그러고 나서『논리학』의「유론」에 서술된 헤겔의 무한 개념을 해명하겠다. 그다음에 수학의 $\frac{dy}{dx}$ 에 대한 헤겔 해석을 살펴보고 칸토어의 초한 집합론에 그것을 비춰보기도 하면서 헤겔의 무한 개념의 의의와 동시에 수학적 사유의 한계를 제시하겠다.

이 책에서 다루는 헤겔의 무한 개념은 이미『헤겔, 역과 화엄을 만나다』에서 다루었다. 거기서는 동서사상의 만남이라는 관점에서 그것을 다루었을 뿐이어서 수학과의 관련을 폭넓게 언급하지 못하였다. 그러나 이 글에서는 수학과 관련해서 헤겔의 무한 개념을 다루도록 노력하였다. 근대 이후의 서양 수학이야말로 무한을 치열하게 사유했고 헤겔도 무한의 수학인 미적분에 큰 영향을 받았기 때문이다.

자아 개념과 무한 개념은 근대의 계몽주의의 산물이라고 할 수 있다. 근대 이전까지만 해도 그런 개념들은 아주 제한적으로만 사유되고 논의되었을 뿐이다. 근대 이전의 서양과 마찬가지로 동양에서도 그것들은 거의 논의되거나 사유되지 않았다. 그런데 동양에서는 자아 개념 대신에 무아의 길을 사유하였기 때문에 동서사상의 만남을 주선할 수 있었다. 그러나 무한 개념은 기껏해야 장자의 철학과 화엄 철학에서 논의되었을 뿐이다. 그리고 장자의 철학과 화엄 철학이 동양사상을 대표하는 건 아니다. 그러나 무한 개념을 매개로 해서 동서사상의 만남을 주선하기란 어려운 일이더라도 조금이라도 다루어야 할 것 같다. 따라서 여기서는 헤겔의 무한 개념과 칸토어의 초한 집합론을 살펴보면서도 또한 장자의 철학과 화엄 철학에서 무한을 어떻게 보았는지도 살펴보겠다.

목차

제1장

/

제논의 역설에 대한
헤겔의 비판

제논의 역설은 수학사에서 빼놓지 않고 맨 앞부분에 으레 등장한다. 그것은 무한의 문제를 논리적인 형식의 측면에서 역사상 처음으로 제기했기 때문이다. 그런데도 제논의 철학적 배경인 엘레아 학파나 파르메니데스의 존재, 일자 사상은 별로 언급되지 않는다. 그런 점에서 제논의 역설은 철학사적인 측면에서도 이해되어야 할 것이다. 만일 그것이 철학사적인 측면에서 이해된다면 제논은 역설을 통하여 무한의 문제뿐만 아니라 개념이나 사유에서 모순의 문제도 제기한 철학자로 간주될 수 있을 것이다.

제논의 스승 파르메니데스는 존재는 하나로 존재할 뿐 생멸 변화하지 않으며 가분적이지도 않고 운동하지도 않는다고 주장하였다. 그는 주로 시를 통하여 자신의 사상을 표현하였기 때문에 그가 주장한 바는 명료하지 않다. 그러나 플라톤이 쓴 작품 『파르메니데스』에는 그가 제논에 못지않게 귀류법을 잘 구사하고 있고 자신의 주장을 두둔하기 위해 소크라테스에게 훈계까지 한다. 그리고 65살 고령의 파르메니데스를 상대하는 소크라테스도 젊은

나이에도 불구하고 형상이론을 전개하고 있다. 게다가 파르메니데스는 소크라테스의 형상이론을 물리치면서 철학자의 치밀한 사유의 방법까지도 그에게 가르친다.

> 그렇지만 더 단련되려면 그대는 거기서 한 발짝 더 앞으로 나아가, 어떤 가설이 참일 때 발생하는 결과뿐만 아니라 그 가설이 참이 아닐 때 발생하는 결과도 검토해야 하오. … '만약 여럿이 존재한다면'이라는 제논의 가설을 예를 들어 설명하겠소. 그대는 그럴 경우 여럿 자체에 여럿 자체와 관련하여, 그리고 하나와 관련하여 어떤 결과가 발생하는지 또한 하나에 하나 자체와 관련하여, 그리고 여럿과 관련하여 어떤 결과가 발생하는지 검토해야 하오. 그대는 또한 만약 여럿이 존재하지 않는다면, 하나와 여럿에 그 자체와 관련하여, 그리고 서로와 관련하여 어떤 결과가 발생할지도 검토해야 하오. … 같지 않음, 운동, 정지, 생성, 소멸, 존재 자체와 존재하지 않음에 대해서도 같은 말을 할 수 있을 것이오.[5]

이로부터 미루어 보아 『파르메니데스』에 나오는 주요한 부분은 플라톤이 스스로 만든 허구의 대화이지 실제로 있었던 대화가 아니라고 헤겔은 해석하였다.

제논은 '존재는 하나로 존재하지만 무는 존재하지 않는다'라는 파르메니데스의 사상을 계승하고 발전시키는 데 이바지하기보다는 그의 사상을 옹호하는 데 평생 힘썼다. 그리하여 제논의 철학에는 파르메니데스와는 다른 개념이나 사상의 대립적 규정이 두드러지게 나타난다. 예컨대, 헤겔은 발생을 부정하는 제논의 논증을 제시한다.

---

5) 플라톤, 『플라톤의 다섯 대화 편』 천병희 옮김, 숲, 2016, p.496-p.497.

어떤 것이 있다고 할 때 그것이 발생한다는 것은 있을 수 없다. 왜냐하면 발생은 동등한 것이 동등한 것이거나 아니면 부등한 것으로부터 일어나야 하는데, 이 가운데 그 어느 것도 불가능하기 때문이다. 만약 동등한 것으로부터 발생이 일어난다는 경우에 결국 여기서는 동등한 것 이상의 것이 생겨나야만 하는데 이렇게 되면 동등한 것은 서로 동일한 성질의 것을 담고 있어야 한다는 규정에 위배되기 때문이다. … 마찬가지로 부등한 것으로부터 또 하나의 부등한 것이 생겨난다는 것도 역시 불가능하다. 왜냐하면 만약 약한 것으로부터 강한 것이, 작은 것으로부터 큰 것이, 나쁜 것으로부터 좋은 것이, 또 반대로 좋은 것으로부터 나쁜 것이 생겨난다면 결국 존재하는 것으로부터 존재하지 않는 것으로부터 생겨나는 것이 되는데, 이는 있을 수 없기 때문이다.[6]

제논의 이런 논증은 '무로부터는 아무 것도 생겨나지 않는다'라는 파르메니데스의 사상에 바탕을 두고 있지만 존재로부터 동등성과 부등성이라는 사유규정으로 나아가는 사상의 내적 반성이 표현되어 있다고 헤겔은 평가했다. 결국 위와 같은 논증에는 유는 유이고 무는 무일 뿐이지 유가 무로 되고 무가 유로 되지 않는다는 지성(Verstand, Understanding)의 동일성 원리가 깔려 있는 셈이다. 달리 말하자면, 헤겔의 생성의 변증법을 이루는 한 측면을 파르메니데스와 제논이 보여준다고 할 수 있을 것이다.

우리는 유한적인 사물의 존재를 받아들이고 그 생멸 변화와 운동을 긍정하면서도 불생불멸의 영원한 절대적 일자인 신을 일상적으로 받아들일 수 있다. 그러나 엘레아 학파는 절대적인 일자 이외의 유한적인 사물의 존재도 그 변화와 운동도 일절 부정한다. 오직 일자만이 존재하고 일자 이외의 모든 것은 전혀 존재할 수 없다고 엘레아 학파는 여기기 때문이다. 우리가 통속적으로 보는

---

6) 헤겔, 『철학사 Ⅰ』, 임석진 역, 지식산업사, 1996, p.336. 번역을 조금 고쳤다.

모든 유한한 사물의 변화나 운동은 우리의 감각이 일으키는 착각에 불과하다고 여겨 제논은 변화나 운동을 부정하는 역설을 고안해내었다.

그가 고안한 역설은 오늘날 수학, 논리학에서는 귀류법이라고 불린다. 수학에서 귀류법은 많이 사용되고 있는데 직접 증명하기 힘든 명제를 간접적으로 증명하는 방법이다.

참임을 증명하여야 하는 명제 p가 있다면 p의 부정인~p를 일단 가정한다.~p로부터 모순적인 결론을 도출하거나~p가 거짓임을 증명한다면~p는 참이 아니다. 따라서 p는 참이다. 이것이 귀류법의 형식이다.

헤겔은 제논의 역설을 단순히 수학에서 지칭하는 귀류법으로만 형식화하지 않는다. 그는 제논의 역설에서 반박의 적극성과 변증법의 단초를 동시에 본다. 제논은 존재, 일자의 사상을 일차적으로 옳다고 주장한 게 아니라 자신과 반대되는 사상이 모순적임을 밝힘으로써 자신의 사상을 옹호하려고 하였다고 그는 생각했기 때문이다.

> 물론 이렇게 되면 '그 다른 철학 체계는 나의 것과 일치하지 않으므로 진리가 아니다'라고 간단히 끝장낼 수가 있지만, 그러나 (또) 다른 편도 마찬가지로 그렇게 말할 수 있는 권리를 갖는 것이다. 그런데 실은 자기 상대편이 진리가 아님을 명시하려는 경우에 다른 어떤 것을 통해서가 아니라 그 상대편 자체를 걸고 그의 비진리성을 입증해야만 하는 것이다. … 다시 말해서 어떤 명제가 허위임을 입증하기 위해서는 이와 대립하는 나의 명제가 진리임을 밝힘으로써가 아니라 바로 그 명제 자체를 걸고 그의 허위성을 명시해야만 하는 것이다.[7]

---

7) 앞의 책, p.343.

제논의 이런 증명방식은 헤겔의 『논리학』에도 등장한다. 거기에서 그는 스피노자의 실체형이상학을 비판하기 위해서는 스피노자 철학 안에 똬리를 틀고 그것을 해체하려고 하였다.

헤겔은 제논의 역설에서 또한 진정한 변증법의 단초도 엿보기도 하였다. 이런 점에서 그는 제논을 변증법의 창시자라고 칭송하였다. 헤겔은 『철학사』에서 변증법을 사태 자체를 바깥에서 관찰하는 운동인 외적인 변증법과 사태의 본질에 따라 개념적으로 전개되는 운동인 내적인 변증법으로 구분하였다. 외적인 변증법은 당위나 외적인 관계에 근거해 추론하기 때문에 대상을 있는 그대로 내용에 따라 파악할 수 없다. 그 반면에 내적인 변증법은 사태의 본질에 근거하여 대상의 전체적 본성과 내용을 문제시함으로써 부정성과 모순에 도달할 수 있다. 이 후자의 변증법을 헤겔은 진정한 변증법이라고 간주하였고 제논의 변증법이 이 변증법에 상응한다고 보았다. 그러나 제논의 변증법은 부정성과 모순을 넘어 긍정적인 결과로 나아가지 못하였다. "물론 엘레아 학파가 이루어놓은 것은 진정한 변증법에 어울리는 면이 있긴 한다. 그러면서도 역시 이들에게서 파악된 내용이나 본질은 더 이상 규명되는 일 없이 모순을 통하여 대상의 무실함을 밝히는 것으로 그치고 말았다."[8]

역사적으로 볼 때 주목할 만한 제논의 변증법은 유한한 사물들의 운동을 부정하는 제논의 네 가지 역설이다. 제논은 이 역설을 통하여 일자만이 참된 존재이며 우리가 일상적으로 마주치는 유한한 사

---

8) 앞의 책, p.345.

물들의 운동이란 참된 것이 아니라 모순적임을 입증하려고 하였다. 그렇다고 해서 그가 감각적인 운동을 부인하려고 한 건 아니다.

> 운동은 존재하며 또한 운동이라는 현상이 엄존하는 것, 여기에 대해서는 아무런 이견이 있을 수 없으며 … 운동의 존재는 감각적으로 확인되는 것이다. 이런 의미에서 제논은 추호도 운동을 부인하려고 하지 않았다. 오히려 문제는 그것이 진리인가의 여부에 관한 것인데, 여기서 그는 운동은 모순된 것이므로 진리가 아니라는 것이다. 결국 제논이 말하고자 하는 것은 운동은 참다운 존재가 아니라는 데 있다. 이제 제논은 운동이란 관념이 모순을 내포한다는 사실을 증명하기 위하여 이를 반박하는 네 가지 방법을 들고 있다.9)

운동을 부정하는 제논의 네 가지 역설은 그의 저작을 통해서 직접 전해지는 건 아니다. 그렇기 때문에 이 네 가지 역설은 여러 가지 꼴로 다양하게 전해져 내려온다. 그렇지만 그것들의 핵심은 다르지 않다. 여기서는 아리스토텔레스가 『자연학』에서 간결하게 정리한 제논의 역설들을 중심으로 해서 살펴보자. 『자연학』에 나오는 아리스토텔레스의 이 서술을 헤겔도 『철학사』에서 이용하고 있기 때문이다.

> 제논은 사람들이 해결하기 곤란한 것으로 판명된 운동에 관한 네 가지 논증을 제시하였다. 첫 번째 논증은 어떤 움직이는 물체가 목표점에 도달하기 전에 그 중간점에 도달해야 하므로 그것이 운동할 수 없다는 논증이다. … 두 번째 논증은 아킬레스라고 불리는 논증이다. 즉, 가장 느린 달리기 선수라도 가장 빠른 달리기 선수에 의해 추월당하지 않는다. 왜냐하면 뒤에 있는 달리기 선수는 앞서 있는 달리기 선수가 출발했던 지점에 처음으로 도달해야 되고 그리하여 느린 선수가 항상 앞에 있을 수밖에 없기 때문이다.

---

9) 앞의 책, p.347.

… 세 번째 논증은 얼마 전에 내가 언급했다. 이 논증은 움직이는 화살은 움직이지 않는 다는 것이다. 여기서 결론은 시간이 '지금'으로 구성된다는 가정에 의존한다. 네 번째 논 증은 경기장에 있는 같은 길이를 갖는 두 물체가 서로 반대되는 방향으로 움직이는 경우 에 관한 논증이다. 하나는 경기장의 끝으로부터, 또 다른 하나는 중간으로부터 같은 속 도로 움직이기 시작한다. 제논에 따르면 결과는 주어진 시간의 반이 그 시간의 2배와 같다는 것이다.[10]

제논의 첫 번째 역설은 두 번째 논증과 함께 수학자들의 비상 한 관심을 받았던 논증으로 보통 이분법(Dichotomy)이라고 불린 다. 운동하는 모든 물체는 어떤 한 지점에서 다른 지점으로 움직 인다. 그러나 목표점에 그것이 도달하기 전에는 그 거리의 1/2 지 점에 도달해야 한다. 그리고 그 중간점에 도달하기 전에는 그 거 리의 1/4 지점에 도달해야 한다. 이와 같이 무한히 계속되면 물체 의 운동은 시작하기도 전에 멈추고 말 것이다. 따라서 이 역설은 공간의 무한분할 가능성에 관한 문제이며 무한급수로 표현될 수 있다. 공간이 무한히 분할될 수 있다면 그 물체는 유한한 시간 안 에 무한한 지점들을 통과해야 한다. 그런데 이것은 불가능하기 때 문에 운동이란 가능하지 않다.

그러나 통과해야 하는 거리 S를 합산하면 S=1/2 + 1/4 + 1/8 … 가 된다. 그리고 이 거리는 유한한 거리로 수렴한다. 따라서 그 물체는 유한한 시간 안에 유한한 거리를 통과할 수 있다. 이런 식 으로 이 역설을 수학적으로 물리칠 수도 있다.

허나 이런 식으로 이 역설이 해결되는 건 사상의 거인들에겐

---

10) Aristotle, *Physics*, Trans. R. Waterfield, Oxford University Press, 2008, p.161-p.162.

아무래도 아쉬운 일일 것이다. 이 역설이 제기한 무한의 문제는 여전히 해결되지 않았다. 달리 말해 공간의 무한분할 가능성을 고려한다면 이 해결책은 충분하지 않다. 무한의 문제가 먼저 해결되어야 할 것이다.

아리스토텔레스는 무한을 가무한(Potential Infinity)과 실무한(Actual Infinity)으로 나누어 이 역설을 해소하려고 하였다. 공간의 무한분할 가능성은 실무한이 아니라 가무한이다. 그는 무한이란 현실적으로 존재하는 것이 아니라 잠재적으로만 존재한다고 강조했다.[11] 그에 따르면 공간의 무한분할은 잠재적으로만 가능하기 때문에 현실적으로 무한분할이 일어나지 않는다. 따라서 제논의 증명은 잘못되었다고 그는 결론을 내렸다. 그렇지만 헤겔은 아리스토텔레스의 이런 해답은 상식적으로도 납득할 수 없는 해답이라고 비판하였다. "이 문제에 대한 아리스토텔레스의 일반적 해답 내지 해결방법은 공간과 시간은 실제로 무한히 분할될 수 있는 것은 아니고, 다만 무한한 분할이 가능할 뿐이라는 것이다. 그러나 만약 이렇게 무한분할이 가능하다면 공간과 시간은 역시 현실적으로도 무한히 분할되어야만 할 것이다. 왜냐하면 그렇지 않고서는 공간과 시간이 무한상태로까지 분할된다고 할 수 없을 것이기 때문이다 ― 이것이 상식적으로나마 받아들여질 수 있는 일반적인 해답이다."[12]

---

11) 아리스토텔레스, 『형이상학』, 조재호 옮김, 길, 2017, p.446과 Aristotle, *Physics*, Trans. R. Waterfield, Oxford University Press, 2008, p.71을 참조하라.

12) 헤겔, 『철학사 I』, 임석진 역, 지식산업사, 1996, p.350. 번역을 조금 고쳤다. 헤겔은

이런 식으로 헤겔은 실무한을 거부하는 아리스토텔레스의 해답을 내쳤다. 그런 뒤에 그는 운동은 개념적으로 파악할 때 부정성(점으로 분할)과 연속성의 두 계기가 통일된 것으로 여겼다. 그런데 운동은 시간과 공간에서 이루어지기 때문에 시간과 공간도 역시 부정성(분리성)과 연속성의 두 측면에서 사유될 수밖에 없다. 공간의 이분법은 공간의 연속성을 고려하지 않고 점성(분리성)만을 고려할 때 가능한 일이다. "공간에는 반분이란 있을 수 없고, 연속이 있을 뿐이며 … 결국 무수히 많은 점들이 서로 연속되어 있지 않은 상태에서 목표로서의 어떤 한 점에 도달할 수 있다는 것은 잘못된 주장이다. 왜냐하면 운동이란 곧 연관을 뜻하기 때문이다."13)

현대 수학에서도 아리스토텔레스의 반박에는 심각한 문제가 있

『철학사 강의』에서 베일의 견해에 근거해 아리스토텔레스의 무한분할 가능성을 비판하였다. 그러나 그는 1832년에 출판된 『논리학』에서는 오히려 베일이 시간, 공간 그리고 운동이나 물질에 관한 아리스토텔레스의 사변적 개념을 제대로 이해하지 못하였다고 비판하였다. "자신의 백과사전에 나오는 제논 항목에서 베일은 아리스토텔레스가 제논의 변증법에 대해 제시한 해결책이 보잘것없다고 여긴다. 허나 그는 물질이 *가능성에 따라서*만 무한하게 분할될 수 있다는 것이 무엇을 의미하는지 이해하지 못한다. 물질이 무한하게 분할될 수 있다면 그것은 *현실적으로* 부분들의 무한 집합을 포함하며 따라서 이것은 가능한 무한이 아니라 실재적이고 현실적으로 존재하는 무한이라고 그는 반박한다. —오히려 이미 *분할 가능성* 자체가 가능성일 뿐이지 *부분들의 실존*이 아니다. 그리고 수다성 일반은 연속성 안에서 계기로서만, 지양된 것으로서만 정립되어 있다. — 그리하여 아리스토텔레스조차도 능가하지 못했던 예리한 지성(Verstand)을 지닌 베일이라도 아리스토텔레스의 사변적 개념을 이해하고 평가하는 데는 이르지 못했다."(G. W. F. Hegel, *Die Lehre vom Sein*(1832), Felix Meiner Verlag, 1990, p.208-p.209) 따라서 여기서 헤겔은 가능성에 관한 아리스토텔레스의 사변적 개념을 만년에 높게 평가한 셈이다. 그렇다고 해서 그가 아리스토텔레스의 가무한과 실무한의 구분을 받아들이는 건 아닐 것이다.

13) 헤겔, 『철학사 1』, 임석진 역, 지식산업사, 1996, p.354-p355.

다고 보고 있다. "제논의 이분법에 대한 반박으로서, 가무한과 실무한의 구분은 그렇게까지 설득적이지 않다."14) 가무한이란 잠재적으로만 무한이 될 수 있는 것이기 때문에 결코 완성된 무한일 수 없다. 그리고 이분법은 무한하게 진행될 수 없어서 운동의 과업을 결코 완수할 수 없다. 그러므로 이것은 혼동만을 초래한다. "이분법의 중심적 혼동은 이제 발가벗겨졌다: 점 A로부터 점 B로 움직이는 과업은 필수적인 하위과업들과 무한을 수반하는 게 아니라 '1'로 수렴하는 무한급수에 의해 타당하게 접근될 수 있는 단일한 과업을 수반한다."15) 수학이 모순을 거부하는 형식적 체계임에도 불구하고 가무한을 내치고 실무한을 받아들임으로써 제논의 역설을 해결할 수 있었다.

세 번째 역설은 날아가는 화살은 날아가지 않는다는 형식으로 되어 있다. 날아가는 화살은 언제나 '지금', '여기서' 운동한다. 그러니까 화살은 언제나 같은 상태에 있기 때문에 운동하는 게 아니라 정지해 있는 것이다. 그러나 '지금', '여기서'는 순간적으로 동등한 것처럼 타당시되더라도 동등한 게 아니라 구별이 된다. 그러므로 화살은 정지해 있는 것이 아니다.

네 번째 역설은 서로 반대 방향으로 움직이는 물체들의 운동에서 생겨나는 모순을 다룬 논증이다. 경기장의 끝으로부터 움직이는 물체는 같은 거리를 통과하는 데 반 시간이 걸리는 반면에 경

---

14) D. F. Wallace, *Everything and more*, W. W. Norton & Company, 2010, p.67.
15) 앞의 책, p.195.

기장의 중간으로부터 움직이는 물체는 같은 거리를 통과하는 데 1시간이 걸린다. 이렇게 되면 반 시간과 1시간이 동등해지는 모순이 생기게 된다. 이 논증은 제논이 운동이라는 관념이 모순적임을 드러내기 위해 고안한 논증이다. 헤겔은 단순화해서 다음과 같이 말하고 있다. "달리 말하자면 내가 두 발 전진하고 다음엔 두 발 후진함으로써 ― 같은 지점에 놓이는 경우를 생각할 수도 있다. 결국 나는 네 걸음을 움직였는데도 여전히 원점에 놓여 있다는 것이다. 이 경우에 운동이란 허망한 것이다. 왜냐하면 전진과 후진을 통하여 서로가 서로를 지양하는 상호대립이 빚어지기 때문이다."[16] 그러나 내가 원래 위치로 돌아왔다고 해서 운동이 부정될 수는 없는 것이다. 그리고 앞의 논증이 빚어내는 모순은 서로 반대 방향으로 운동하는 물체들 중 하나는 경기장의 끝에, 다른 하나는 경기장의 중간에 위치함으로써 생기는 계산의 착오에 불과하다. 경기장의 끝에서 움직이는 물체가 통과한 거리는 반대 방향으로 움직이는 물체를 두고 계산하는 반면에 경기장의 중간에서 움직이는 물체가 통과한 거리는 정지해 있는 경기장을 두고 계산하기 때문이다.[17]

첫 번째 역설과 두 번째 역설에 대해서는 헤겔이 아리스토텔레스의 비평을 거세게 비판하지만 세 번째 역설과 네 번째 역설에 대해서는 그 비평을 거의 그대로 받아들인다. 첫 번째 역설과 두

---

16) 앞의 책, p.361.

17) 헤겔이 재구성한 제논의 네 번째 역설을 보면 이렇게 해석될 수 있을 것이다. 앞의 책, p.360을 참고하라.

번째 역설은 무한의 문제와 직결되어 있기 때문일 것이다.

칸트와 엘레아 학파는 다 같이 우리가 보는 이 세계는 현상에 불과하며 참다운 것이 아니라고 헤겔은 여겼다. 그리고 칸트는 '세계는 무한하다'와 '세계는 유한하다'와 같은 이율배반의 항쟁을 귀류법을 써서 증명하려고 하였는데 반하여 제논도 귀류법을 통하여 운동과 변화를 부정하려고 하였다. 이런 점에서 헤겔은 칸트철학과 엘레아 학파의 철학이 유사하며 칸트가 공들여 제기한 4가지 이율배반은 제논의 역설에서 비롯된다고 강조했다. "변증법의 보편적 토대를 이룬다고도 할 엘레아 학파의 일반명제는 '참다운 것은 오직 일자뿐이며, 기타 일체의 것은 참이 아니다'인 데 비하여 칸트철학의 결론은 '우리는 단지 현상만을 인식한다'라는 것이다. 결국 전체적으로 보아서 이들은 동일한 원리, 즉 '의식의 내용은 한낱 현상에 지나지 않을 뿐 참다운 것은 아니다'라는 데로 모이지만, 그렇다고 여기에 차이가 없는 것은 아니다."[18]

엘레아 학파와 칸트철학은 유사하게 보이지만 엄청난 차이가 있다. 엘레아 학파는 감각적 세계 그 자체를 부정한 게 아니라 단지 참된 것이 아니라는 입장에 있다면, 칸트철학은 이 세계를 본체계와 현상계로 나누어 인간의 인식은 현상계에 한정된다는 입장에 있다. 칸트에 따르면, 우리의 인식은 직관의 형식인 시간과 공간, 오성의 형식인 범주에 의해 주조되기 때문에 결코 인식은 물 자체에 다다를 수 없는 것이다. "제논에게서도 세계와 현상적

---

18) 앞의 책, p.361-p.362.

내용이란 무가치한 것이긴 하지만, 칸트의 경우는 그 무가치함을 우리 인간의 소치로 보는 것이다. 칸트에게서 세계를 망쳐놓는 것은 정신적인 것인데 반하여 제논의 경우는 세계 그 자체가 오히려 현상적일 뿐, 진실된 것이 아니다."[19]

　이런 점에서 헤겔은 제논의 변증법이 칸트의 변증법보다 더 객관적인 변증법이라고 보았다. 칸트는 네 가지 이율배반만을 제시하였는데 반해 제논은 모든 사유규정, 개념이 모순적이라고 간주했기 때문이다. 게다가 그는 칸트가 물 자체를 인식의 한계로 그어놓으면서 정신의 인식능력을 폄하하였다고 비판하였다. 특히 칸트철학에서 무한은 물 자체처럼 인식 불가능하다.

---

19) 앞의 책, p.362.

제2장

/

유한과 무한의 변증법
: 질적 무한

1) 사변적 사유와 관계

헤겔은 예나 시기에 논리학의 체계를 구상하기에 이르렀다. 그는 이 시기에는 논리학을 형이상학과 분리했다. 그러다가 그는 뉘른베르크 시기에 이르러서야 칸트의 비판철학으로부터 영향을 받아 형이상학과 논리학을 통합시켜 1812년에 『논리학』 제1권을 비로소 출판했다. 이로써 그는 공리연역적인 수학적 방법이나 칸트의 반성철학적인 방법을 넘어서서 개념의 운동을 펼칠 수 있는 사변적 사유를 논리적으로 확보할 수 있었다.

헤겔의 『논리학』은 크게 보아 존재의 논리학과 사유의 논리학, 즉 객관적 논리학과 주관적 논리학으로 구분될 수 있다. 객관적 논리학은 「유론」과 「본질론」으로 나뉘며 서양의 전통적 형이상학과 존재론에 상응한다. 주관적 논리학은 「개념론」이며 근대적 형이상학, 즉 주관성의 형이상학에 상응한다. 그는 주관적 논리학을 객관적 논리학의 우위에 둠으로써 전통적인 형이상학과 존재론을 넘어 절대적 주체를 논리학의 정점에서 정당화하려고 하였다. 그리하여 헤겔의 『논리학』에서는 개념의 운동은 차별화된다. 개념의 운동은 「유론」에서는 타자로의 이행으로, 「본질론」에서는 반성의 관계, 즉 대립된 것에서 비침으로, 「개념론」에서는 전개(Entwicklung)로 진행된다.

그러나 오늘날 이러한 위계질서는 더 이상 타당할 수 없다. 근대적 주체의 개념은 이미 붕괴되었고 주체의 죽음으로까지 이어지기 때문이다. 그리고 헤겔 논리학의 이러한 위계질서가 용인된다고 하더라도 객관적 논리학과 주관적 논리학이 공통으로 드러내는 패턴은 있다. 바로 그것은 사변적 사유다. 사변적 사유는 헤겔의 『논리학』에 등장하는 개념의 운동을 통해서 드러날 수 있겠지만 여기서는 간략하게나마 살펴보자.

헤겔은 지성(Verstand)과 이성(Vernunft)을 확실하게 구분하였다. 지성은 분별하는 지적 능력으로서 대립된 것들을 분리하고 대립된 것으로서 고정할 뿐이다. 그 반면에 이성은 사변적 사유로서 대립된 것들을 서로 연관시키고 그것들을 통일성 속에서 파악하며 긍정적인 것을 부정적인 것 속에서 인식한다. 그리하여 분별적 사유에서는 모순은 소극적으로 취급되어 회피되는 데 그치지만 사변적 사유에서는 모순은 적극적으로 취급되어 개념의 운동을 일으키는 원천이 된다. 따라서 "사변적 사유의 본성은 대립적인 계기들을 그것들의 통일 속에서 파악하는 데서 존립할 뿐이다."[20]

헤겔은 『논리학』에서 제논의 역설에서 제기된 무한이나 모순의

---

20) G. W. F. Hegel, *Die Lehre vom Sein*(1832), Felix Meiner Verlag, 1990, p.153.

문제를 체계적으로 다루었다. 『논리학』 가운데 「유론」은 헤겔이 죽기 직전에 개정되어 그가 죽고 난 뒤 1832년에 출판되었다. 그의 최후의 저작이 『논리학』인 셈이다. 「유론」은 다시 '1. 질, 2. 양, 3. 도량'으로 나뉜다. 그는 최후의 저작에서 질적 무한과 양적 무한을 다루는 부분을 가장 많이 수정했고 미적분학에 관련된 주해도 추가했다. 그는 특히 양을 다루는 곳에서 수학과 관련된 논의, 예컨대 미분계수에 관한 논의를 장황하게 서술하였다. 그래서 최후의 저작은 수학과 관련된 논의가 상당한 부분을 차지한다.

'무한이 어떻게 자신으로부터 나와서 유한에 이를 수 있는가?' 라는 철학적 물음은 그는 『기독교의 정신과 그 운명』에서 신과 인간의 문제로 제기했다. 신은 무한이고 인간은 유한이다. 무한과 유한 사이에 건너뛸 수 없는 구렁이 있듯이 신과 인간 사이에도 그렇다. 다시 말해, 무한과 유한이 불가 통약적이듯이 신과 인간도 그렇다. 신이 아들 예수를 세상에 보내어 세상을 구원하려고 하였는데 그 당시 유대인들은 이를 믿지 않고 예수를 배척하고 탄압하였다. 그러나 헤겔은 유대인들의 이런 태도를 신과 인간의 대립에 고착된 태도라고 여겼다. 그래서 무한한 신과 유한한 인간은 성령 관계를 통하여 결합할 수 있다고 그는 보았다. 이때만 해도 무한과 유한의 관계는 신학적 차원에서 사유되었다. 하지만 그 뒤 그는 논리적인 차원에서 이 관계를 사유하고 무한과 유한의 변증법을 통해 무한과 유한의 통일을 개념적으로 만들어내었다.

이미 그는 예나 시기에 관계(Beziehung, Verhältnis)라는 개념으로 논리학을 구성하였다. 거기에서 유한과 무한의 관계는 질과 양을 다루는 단순한 관계(Beziehung)에서 다루어지고 인과관계(Kausalitätverhältnis)와 같은 존재 관계(Verhältnis des Seins)와 개념 – 판단 – 추론으로 전개되는 삼단논법과 같은 사유 관계(Verhältnis des Denkens)는 관계(Verhältnis)에서 다루어진다. 그 뒤 뉘른베르크 시기에 그는 논리학을 형이상학에 통합시켜 객관적 논리학과 주관적 논리학으로 구성된 『논리학』을 세상에 내놓았다. 여기서도 관계 개념은 모순, 부정성과 함께 여전히 『논리학』의 중심 개념으로 자리 잡고 있었다. 최종적으로 그는 개정된 「유론」에서 부정적 자기 관계라는 반성 논리학적 개념을 강조했다. 「유론」에서는 개념의 운동이 타자로의 이행에 그치기는 하지만 이미 동일성, 구별, 대립, 모순과 같은 반성규정이 적용되기 때문이다.

그러면 유한과 무한의 변증법에 들어가기 전에 Beziehung과 Verhältnis라는 용어를 먼저 살펴보기로 하자. Beziehung과 Verhältnis는 한국어로 다 같이 관계라고 번역되지만 그것들을 구별해서 번역할 용어가 한국어에서는 마땅치 않다. 두덴 사전을 보면 Beziehung은 연계나 내적인 연관, 상호적 관계(Verhältnis)를 뜻하는데 반해 Verhältnis는 어떤 것이 어떤 것과 비교될 수 있는 관계(Beziehung), 상태, 비례 등을 뜻한다.[21] 따라서 독일어에서도 이 용어들은 구별되긴 하지만 서로 혼용될 수 있는 용어인 것 같다.

헤겔 『논리학』을 새롭게 번역한 지오반니는 이 용어들을 구별

---

21) G. Drosdowski, *Das Stilwörterbuch*, Duden Verlag, 1988, p.161, p.757.

하는 것이 중요하다고 하면서 다음과 같이 주장하였다. "아주 일반적으로, Beziehung은 외적으로나 반성적으로 『논리학』에 들어가는 항목들에 영향을 끼치는 반면에 Verhältnis는 그것들에 실질적으로 영향을 끼친다."[22] 영어로는 보통 Beziehung은 relation으로, Verhältnis는 relationship으로 번역해왔다. 그러나 지오반니는 이런 번역은 적절치 않다고 보아 Beziehung은 connection, reference로, Verhältniss는 relation으로 번역한다.

그렇지만 여기서는 Beziehung과 Verhältnis는 관계라는 용어로 포괄적으로 이해하면 좋지 않을까 생각한다. 관계는 우리가 포괄적으로 이해한다면 명확하게 정의하기는 힘들지만 대칭관계, 비례관계, 함수관계, 인과관계 등이 포함될 수 있을 것이다. 그러면서도 Beziehung은 외적 반성의 차원에서 많이 사용되는 반면에 Verhältnis는 내적인 반성의 차원에서나 「개념론」에서 많이 사용된다는 것을 염두에 두어야 할 것 같다. 이런 점에서 Beziehung보다 Verhältnis가 더 긴밀한 내적 관계를 뜻한다고 할 수 있을 것이다. 예컨대, 유와 무 어떤 것과 타자, 유한과 무한 등은 본질적으로 서로 가리키더라도 각기 질적으로 독자적으로 존립할 수 있으므로 유와 무의 관계(Beziehung), 어떤 것과 타자의 관계(Beziehung), 유한과 무한의 관계(Beziehung) 등으로 사유된다. 이와는 반대로 긍정적인 것과 부정적인 것, 내면과 외면, 부분과 전체, 원인과 결과

---

22) G. W. F. Hegel, *Science of Logic*, Trans, G. D. Giovanni, Cambridge University Press, 2015, p.lxviii.

등의 반성규정들은 부모와 자식, 위와 아래, 오른쪽과 왼쪽 등의 관계규정들(Verhältnisbestimmungen)처럼 각기 서로 고립적으로 고찰될 수 있더라도 타자 없이는 무의미한 반성규정이 되어버린다.

요컨대, 헤겔에 따르면 모든 사유규정은 그 자체에서 자신과 반대되는 사유규정이며 대립하는 사유규정들은 서로 관계하고 통일적으로 사유되어야 한다. 따라서 모든 사유규정은 부정적 자기관계에 서 있는 셈이다.[23] 이런 맥락에서 그의 관계 개념은 *사변적 관계*를 뜻한다고 보아야 할 것이다.

2) 질적 무한

질적 영역에서 개념의 운동이 순수한 유와 순수한 무가 그 계기가 되는 생성의 변증법으로부터 시작해서 정유, 어떤 것, 유한자 등의 사유규정을 거쳐나감으로써 유한자의 끝자락에 질적 무한이 등장한다. 어떤 것은 질적인 규정의 한계로 말미암아 제한되어 있고 따라서 유한적인 것이다. 그러나 이러한 유한자는 자기 자신과 단순한 관계에 머물지 않고 자기를 부정해서 자신을 넘어간다. "유한한 사물은 *존재한다.* 그러나 자기 자신에 대한 유한한 사물의 관계는 그것이 자기 자신과 *부정적으로* 관계하여 바로 자기 자신에 대한 이러한 관계에서 자신을 자신 너머로, 그것의 유 너머로 보낸다는 것이다."[24] 그렇기 때문에 그것은 끝없이 존재

---

23) 이는 모든 사유규정은 그 자체로 모순적이라는 뜻이다. "모순으로부터 부정적 자기관계가 나오는 게 아니라 부정적 자기 관계로부터 모순이 나온다."(디이터 반트슈나이더, 『변증법적 이론의 근본구조』, 이재성 옮김, 다산글방, 2002, p.62)

하는 게 아니라 무상하여 소멸할 수밖에 없다.

유한자는 자기 동등적인 관계에 머물 뿐만 아니라 동시에 자기를 부정하여 넘어선다. 다시 말해, 그것은 질적인 규정의 한계로 제한되어 있을 뿐만 아니라 이 제한을 부정함으로써 자신을 넘어서야 하는 당위에 빠진다. 그러므로 제한과 당위의 이런 모순에 유한자는 말려 들어간다. 그리하여 그것은 무한자의 부정적인 것으로서 무한자와 분리되어 대립한다. 무한자도 유한자의 부정적인 것으로서 유한자와 분리되어 대립한다. 무한자와 유한자의 이런 모순을 고집하여 유한자와 무한자의 통일을 거부하는 입장이 지성(Verstand)의 입장이다. 그러나 이런 입장에 서면 무한자는 유한자로부터 아스라이 멀리 떨어져 결코 개념적으로 파악될 수 없다.

헤겔은 "철학의 원리는 *무한하고도 자유로운 개념*"[25])이라고 「개념론」에서 강조했다. 무한자의 개념은 원래 유한자의 제약이나 당위를 뛰어넘는 이성 개념이다. 그리고 우리는 무한자의 이런 개념에 도달할 때 비로소 정신적으로 자유로울 수 있다. "무한자는 참된 유: 제한으로부터의 고양이다. 무한자의 이름을 걸고 심정과 정신은 빛을 발한다. 왜냐하면 무한자에서 정신은 … 자신을 자기 자신으로, 자신의 사유의, 자신의 보편성의, 자신의 자유의

---

24) G. W. F. Hegel, *Die Lehre vom Sein*(1832), Felix Meiner Verlag, 1990, p.126. 유한자의 부정적 자기 관계는 1812년의 「유론」에서는 명시적으로 드러나지 않지만 1832년의 개정된 「유론」에서는 명시적으로 드러난다.

25) G. W. F. Hegel, *Wissenschaft der Logik* II, Felix Meiner Verlag, 1975, p.476.

빛으로 고양하기 때문이다."[26] 이런 점에서 그는 열정적으로 무한자를 개념적 파악의 주요한 목표로 삼았다.

그렇지만 지성(Verstand)의 입장에서는 결코 무한자를 개념적으로 파악할 수 없다. 그런 입장에서는 무한자는 유한자와 질적으로 대립하는 관계, 즉 모순에 빠져 유한과 무한의 교호 규정이라는 악무한에 헤어나지 못하기 때문이다.

지성의 입장에서는 유한자는 무한자와 분리되어 차안에 있고 무한자는 유한자와 아득히 멀리 떨어져 있는 피안에 있다. 이때 유한자와 무한자는 서로 부정적 관계에 있음으로써 서로 상호적 한계를 이룬다. 그러나 그럼으로써 양자는 아무런 관계도 없는 게 아니라 외면적인 관계에 얽혀 들어간다. 무한자는 자신의 타자인 유한자에서, 유한자는 자신의 타자인 무한자에서 끊임없이 출현한다. 무한누진이 성립하는 셈이다. "무한누진의 견해에 따르면, 무한자와 유한자 양자는 서로로부터 배척되어야 하고 교대로 서로 뒤를 따른다. 유한자와 무한자 중의 어느 것도 타자 없이는 정립되고 파악될 수 없다. 무한자는 유한자 없이는, 유한자는 무한자 없이는 정립되고 파악될 수 없다."[27]

유한자는 자신의 피안인 무한자에서 자신의 한계를 떨쳐버릴 수 있겠지만 이 무한자는 여전히 유한자와 대립하고 있음으로써 유한자에 제약되어 있다. 그렇기 때문에 이 무한자는 다시 유한자

---

26) G. W. F. Hegel, *Die Lehre vom Sein*(1832), Felix Meiner Verlag, 1990, p.136.
27) 앞의 책, p.143.

로 떨어지고 이런 교체 과정이 끝없이 이어지게 된다. 이런 무한 누진에서도 유한자와 무한자가 차안과 피안으로 분리되어 있으면 서도 양자는 통일되어 있기도 하다. 이런 과정을 헤겔은 인과관계 (Kausalitätverhältnis)에도 적용한다. "이를테면 인과관계에서도 원 인과 결과는 분리될 수 없다. 어떠한 원인도 갖지 않는 결과는 더 이상 결과가 아니듯이 어떠한 결과도 갖지 않는 원인은 원인이 아니다. 그러므로 이 관계는 원인과 결과의 무한누진을 낳는다."[28]

원인은 결과와 분리되어 있기 때문에 유한하며 그 자체로 또 다른 원인을 갖는다. 원인이 결과인 셈이고 이것은 원인과 결과의 통일이다. 그러나 결과로서 규정된 원인은 새롭게 원인을 갖기 때문에 원인은 결과로부터 분리되게 된다. 이런 식으로 무한하게 진행함으로써 인과관계에서는 원인과 결과, 분리성과 통일성이 무한누진에서처럼 끝없이 교체될 뿐이다. 이와 같이 지성의 무한인 무한누진에서도 유한자와 무한자라는 두 규정의 교체와 이 두 규정들의 통일과 분리의 교체가 끝없이 이어질 뿐이다.

이성의 무한자는 유한자와 무한자의 두 규정뿐만 아니라 이 두 규정들의 통일과 분리도 계기로 품고 있다는 통찰을 통해서 이런 무한누진이 극복될 수 있다. 단순히 유한자와 무한자의 통일이 참된 무한이라는 견해는 생성이라는 개념을 도외시하고 무한자를 정적으로 파악하는 견해에 불과하다. 무한자는 「유론」의 서두에 나오는 생성 개념이나 정유나 어떤 것과 같은 사유규정보다 더

---

28) 앞의 책, p.152.

구체적인 생성 개념이기 때문이다.

> 무한자가 사실상 현존하듯이, 그것은 과정이지 않으면 안 된다. 이 과정에서 그것은 자신의 규정들 중의 *하나*일 뿐이고 유한자에 대립하여 그 자체가 유한자의 하나일 뿐인 것으로 격하되지만 자기 자신으로부터 자신의 이러한 구별을 자신의 긍정으로 지양하고 이 매개에 의하여 *참된 무한자*로서 존재한다.29)

유한자에 익숙한 지성은 무한자를 우리가 도달할 수 없는 유한자의 피안으로 간주한다. 그래서 유한자는 존재하지만 무한자는 존재하지 않는다고 우리는 여기기 쉽다. 그러나 유한자는 언제든지 소멸할 수 있으며 그런 점에서 무상하고 따라서 실재적이지 않다. 이에 반해 무한자가 유한자의 생멸 변화를 품고 있는 생성의 개념이라면 그것이 오히려 실재적인 것이라고 할 수 있을 것이다. 무한자는 시초의 유와 같은 몰규정적이고 추상적인 유가 아니라 정유(Dasein, 定有)다. 그것은 부정 일반, 따라서 규정성을 포함하기 때문이다. "무한자는 *존재한다*. 그리고 그것은 *거기에 존재하고* 현전하고 현재한다."30) 이런 맥락에서 헤겔은 실무한을 분명히 지지하는 셈이다.

참된 무한이 시초의 생성 개념보다 더 구체적인 생성 개념이긴 하지만 시초의 생성 개념에 보이는 사고방식과 유사한 패턴이 나타난다. 첫째로, 참된 무한을 부정의 부정으로서 긍정적 무한으로 간주하는 사고방식. 참된 무한은 유한의 부정적인 것인 무한을 다

---

29) 앞의 책, p.149.

30) 앞의 책, p.149.

시 부정함으로써, 즉 지양함으로써 긍정적 무한에 이른다. 시초의 생성 개념에 이미 나오는 사고방식이다.[31] 둘째로, 무한과 유한이라는 각각의 계기들이 자신과 반대되는 규정과 합치된다고 간주하는 사고방식. 시초의 생성 개념에 나오는 유와 무의 두 계기들은 그 자체로 자신과 반대이다. 이런 사고패턴은 『논리학』 전반에 적용될 수 있는 사고패턴이기 때문에 우리가 유의해야 할 것 같다.

---

31) 시초의 생성 변증법에 관하여는 조홍길, 『헤겔, 역과 화엄을 만나다』, 한국학술정보, 2013, p.41이하를 참고하라.

제3장

/

유한과 무한의 변증법
: 양적 무한

1) 러셀의 헤겔 비판에 관하여

영미권 철학에서는 대체로 헤겔 철학은 잘못된 철학으로 간주되어왔다. 그리하여 헤겔 철학이 내세우는 변증법과 형이상학은 분석철학의 전통이 강한 영미권 철학에서는 혐오와 거부의 대상이 되어왔다. 이런 경향은 주로 러셀에게서 비롯된다. 러셀은 수학적 사유에 입각하여 헤겔이 수학적 발전을 무시했으며 무한에 대한 잘못된 견해를 피력했다고 비판했다. 지난 세기에 헤겔 연구자 핀카르드는 이런 경향을 다음과 같이 적절하게 지적했다.

헤겔 철학은 철학에서 무엇이 잘못될 수 있는지를 잘 보여주는 사례로서 영미 철학에서는 종종 인용된다. 그가 저질렀다고 말해지는 많은 잘못들 이외에, 그는 수학 철학에서 특히 잘못을 저질렀다고 상정된다. 수학에서 저지른 헤겔의 어리석음이야말로 헤겔 철학으로부터 자신을 멀리하게 했다는 러셀의 언급은 여태까지 헤겔 전설의 일부이다. 여러 세대를 거쳐 내려오면서 이 전설은 독단적 교의와 같은 어떤 것을 이제 만들어내었다. … 더군다나 『수리철학의 기초』에서 러셀은 헤겔이 수학 발전을 무시했으며 미적분이 무한소적인 양의 가정을 요구했다는 신념을 고수했던 철학자들 중의 한 사람이라고 암시한다. 그러나 사람들은 헤겔 『논리학』으로부터 그런 생각을 확실히 얻을 수 없을 것이다. 이 책의 가장 큰 절은 무한소 개념을 공격하는 데 주력하고 있기 때문이다. 그러

나 신화는 좀처럼 사라지지 않는다.[32]

헤겔에 대한 무시와 편견은 21세기에도 여전히 영미 철학에서 지속되고 있는 것 같다. 물론 오늘날에는 분석철학이 형이상학을 거부하다가 형이상학 쪽으로 돌아서기 시작했다. 그런데도 헤겔의 수학 철학은 다음과 같은 러셀의 비평을 벗어나지 못한 것 같다.

> '극한' 개념의 본질은 수량적이고, 임의의 수량 ε이 주어졌을 때, 접근하는 많은 수량 중 그것과 극한의 차가 ε보다 작은 것이 반드시 있다고 생각하는 것이 보통이었다. 그러나 '극한'의 개념이 단지 순서의 개념에만 포함되고, 수량적인 생각은 전혀 포함되지 않는다. … 미적분학에서는 라이프니츠 시대부터 무한소의 양은 다루지 않으면 안 된다고 생각해왔다. 그러나 수학자(특히 바이어슈트라스)가 그것이 잘못임을 증명하였다. 예를 들면 헤겔 등도 수학에 대한 논문에서 범하고 있는 것과 같이 한번 잘못된 인식은 쉽게 바로잡기 어려우며, 철학자들은 오히려 바이어슈트라스 등의 연구를 무시하는 경향이 있다.[33]

헤겔의 수학 철학은 오늘날 수학적 발전에 비추어볼 때 분명히 잘못되고 시대에 뒤떨어진 측면이 있다. 예컨대, 그는 수학적 대상은 양과 수라고 보았지만 사영기하학이나 군 이론, 논리적 연산 등은 양과 수를 다루지 않는 수학적 분야이다. 게다가 그의 무한 해석은 뉴턴, 라이프니츠로부터 라그랑주를 거쳐 코시에 이르기까지 이어지는 수학적 발전을 제대로 이해하지 못하여 미적분학의 극한 개념을 받아들이지 못했다는 비판을 받을 수도 있다. 그

---

32) T. Pinkard, "Hegel's Philosophy of Mathematics", *Philosophy and Phenomenological Society* Vol. 41 No. 4, International Phenomenological Society, 1981, p.452.

33) 버트런드 러셀, 『수리철학의 기초』, 임정대 옮김, 경문사, 2002, p.111-p.122.

리하여 극한 개념도 그는 러셀의 지적처럼 순서의 개념으로 사유하지 못하였다고 할 수 있다.

그러나 헤겔의 수학 철학은 오늘날에도 음미할 만한 요소가 있으며 특히 그의 유한과 무한의 변증법은 수학적 사유를 능가하는 무한 이해를 보여준다. 그리고 그는 미적분학에서 논란거리가 되어왔던 무한소와 일상언어적인 모호한 극한 정의를 정확하게 비판하고 생성 개념을 적용함으로써 미분계수 $\frac{dy}{dx}$에 대한 새로운 이해에 도달할 수 있었다. 그리하여 그는 생성 개념에 입각하여 수학적 사유가 도저히 이를 수 없는 관계적 존재론을 세웠다.

이런 맥락에서 러셀의 헤겔 비평은 그가 무한에 대한 수학적 사유의 한계를 전혀 인식하지 못한 데다가 헤겔의 수학 철학을 제대로 이해하지 못한 채 감행한 비평이라고 할 수 있을 것이다. 왜냐하면 그는 헤겔이 무한소를 『논리학』에서 줄곧 비판했다는 사실을 몰랐을 뿐만 아니라 생성 개념도 아예 무시했기 때문이다. 다음 절에서 러셀의 어리석음이 확실하게 밝혀질 것이다.

2) 양적 무한

질적인 영역에서는 유한자와 무한자는 질적으로 대립하고 그것들의 통일은 그것들의 내면적인 관계에 근거한다. 그렇기 때문에 유한자는 자신의 타자인 무한자와 연속되지 않는다. 이에 반해 양적인 영역에서는 유한자는 무한자와 대립하지만 외면성에서 무한자와 연속된다.

질적인 유한자와 무한자는 서로에 대하여 절대적으로, 즉 추상적으로 대립해 있다. 양자의 통일은 근저에 놓여 있는 *내면적 관계*다. 따라서 유한자는 *즉자적으로만* 자신의 타자와 연속되지 *그 자신에서* 연속되지 않는다. 이와는 반대로 양적인 유한자는 *그 자신에서* 자신의 무한자와 *관계한다*.[34]

무한누진은 질적인 영역에서 적용되긴 하지만 양적인 영역에서 전형적으로 일어난다. 질적인 영역에서는 무한자와 유한자는 질적으로 대립하여 연속하지 않기 때문에 무한누진 대신에 유한자와 무한자가 끊임없이 교체되는 유한자와 무한자의 교호 규정이라는 개념이 전면에 나온다. 그러나 양적인 영역에서는 이 교호 규정이라는 개념은 적절하지 않다. 왜냐하면 양적인 영역에서는 유한자와 무한자는 연속되기 때문이다. 그렇지만 유한자와 무한자의 교호 규정과 무한누진은 다 같이 무한자에 도달하지 못하는 모순을 표현하므로 같은 의미를 지닌다. 그렇기 때문에 양적인 무한자도 질적인 무한자에서 일어나는 개념 운동의 패턴과 유사한 길을 거친다.

질적 영역에서 무한 개념은 유한한 어떤 것에서 출발했듯이 양적 영역에서도 무한 개념은 유한한 정량에서 출발한다. 여기서 정량은 수로 간주하는 게 이해하기 좋을 것 같다. 그 완전한 규정성 속에 있는 정량이 수이다. 수는 분리성과 연속성을 두 계기로 삼는다. 다시 말하자면 수는 자기 동등적인 일자이면서도 자기 반발적인 것(부정적 자기 관계)으로 타자와 연속된다. 그래서 수는 이

---

34) G. W. F. Hegel, *Die Lehre vom Sein*(1832), Felix Meiner Verlag, 1990, p.242.

러한 모순 때문에 증감한다.

> 정량은 스스로 자기 자신을 넘어나간다. 정량은 타자로 되지만 이 타자는 우선 그 자
> 체가 하나의 정량이다. 그러나 똑같이 이 타자는 존재하는 한계로서 있는 게 아니라 자
> 기 자신을 넘어 자신을 밀어내는 한계로서 있다. 따라서 이러한 초월에서 다시 생겨난
> 한계는 자기 자신을 지양하여 다음 한계로 보내고 이렇게 *무한히 진행하는* 그런 한계일
> 뿐이다.35)

이렇게 자신을 지양하여 끝없이 새로운 한계를 만들어나가는
정량의 무한자는 무한대와 무한소다. 그런데 무한대와 무한소는
그 자체로 해소될 수 없는 모순에 빠져 있다. 왜냐하면 그것들은
무한자로서 정량이 아니어야 하지만 하나의 정량이기 때문이다.
그리고 아무리 큰 수라도 이보다 더 큰 수가 있기 마련이고 아무
리 작은 수라도 이보다 더 작은 수가 있기 마련이다. 그래서 수는
증감에 의하여 도저히 무한에 도달할 수 없다. 그리하여 무한대와
무한소는 무한자와 유한자의 대립을 떨쳐내지 못하는 무한누진,
즉 악무한이며 표상이 그리는 공허한 안개와 그림자에 불과하다.
그것들은 한계로부터 한계의 비유(非有)로, 이 비유로부터 새로운
한계로 영구적으로 왕래하는 무한누진이다. 따라서 이 무한누진
은 "하나의 동일한 것의 반복, 즉 정립과 지양, 재정립과 재지양:
부정적인 것의 무기력이다."36) 또한 무한누진의 이러한 지루한
반복은 "유한자를 지배하려고 하면서도 그럴 수 없는 이런 무한

---

35) 앞의 책, p.240.

36) 앞의 책, p.244.

자나 이런 당위의 *무력감*을 초래할 뿐이다."37)

헤겔은 무한누진의 당위를 『순수이성비판』에서 칸트가 인용한 다음과 같은 할러의 시를 통해 소개하기도 한다.

> 나는 엄청난 수를 수백만의 산처럼 쌓아 올리고
> 시간 위에 시간을, 그리고 세계를 위에 세계를 무더기로 쌓아 올린다.
> 그리고 나서 나는 아득히 높은 곳에 올라 현기증을 느끼면서 너를 바라보면
> 수의 모든 위력이 수천 배로 증대되었음에도
> 아직 너의 한 귀퉁이조차 드러나지 않구나.38)

할러의 이 시는 신의 무한성을 노래한 시다. 그리고 칸트는 이 시를 양적 무한을 소름 끼칠 정도로 묘사한 시로 간주하였다. 그러나 칸트가 이 시의 끝에 나오는 "내가 그것을 놓아버리면 너는 내 앞에 온전히 드러나리라."라는 구절을 무시하고 무한누진에만 주의를 기울였다고 헤겔은 비판하였다. 그리하여 결국 우리가 참된 무한에 도달하려면 무한누진을 포기해야 함을 이 시는 뜻한다고 그는 해석하였다.

그렇다고 하더라도 무한누진이 아무런 의미도 없는 것도 쓸데없는 것도 아니다. 그것은 참된 무한의 개념을 암암리에 함축하고 있을 뿐만 아니라 참된 무한에 이르기 위해 거쳐 가야 할 한 단계

---

37) 앞의 책, p.246. 헤겔이 그의 수학 철학에서 무한소를 옹호하고 가정했다는 러셀의 비판은 무한대와 무한소에 대한 헤겔의 비판에서 아무런 근거도 없음을 우리는 알 수 있다.

38) 앞의 책, p.246.

이기 때문이다.

무한누진에서는 정량은 무한자로 지양된다. 그러나 이 무한자는 악무한으로서 정량으로 다시 떨어진다. 그럼으로써 정량의 차안과 피안은 계속해서 초월될 수밖에 없다. 그러나 동시에 무한누진에는 정량의 피안인 악무한 자체가 사라져서 부정의 부정인 참된 무한자가 현존한다. 정량은 질 일반의 부정이지만 무한누진에서 직접적 정량과는 다른 규정된 정량이 발생하기 때문이다. 유한한 정량은 이 정량의 타자인 무한한 정량에서 자신의 규정을 가진다. 그리고 유한한 정량과 무한한 정량은 외면성에서 구별된다. 따라서 그것들은 양적이지 않은 구별을 본질적으로 지니므로 정량의 개념에 질적인 계기가 등장한다. 바로 여기에서 무한누진이 극복되어 참된 무한이 성립될 수 있다.

> 정량은 지양된 질이다. 그러나 정량은 무한하고 자신을 넘어나간다. 따라서 정량은 자신의 부정이다. 이러한 정량의 넘어섬은 *즉자적으로는 부정된* 질의 부정, 질의 회복이다. 그리고 피안으로서 나타났던 외면성은 정량의 *고유한 계기로*서 규정되어 있다는 것이 정립되어 있다.[39]

따라서 무한누진의 진리는 정량의 차안과 피안이 맺는 관계, 즉 양적 비례이다. 바꿔 말해 크기 자체로부터 질적인 크기가 나오는 셈이다.

---

39) 앞의 책, p.259.

제4장

/

수학적 무한과 $\dfrac{dy}{dx}$ 에 대한 헤겔의 해석

1) 형이상학적 무한과 수학적 무한

헤겔은 17, 8세기에 발흥하였던 무한의 수학, 즉 미적분학에서 참된 무한의 계기를 엿보았다. 그 반대로 철학에서 다루는 형이상학적 무한을 수학적 무한보다 더 낮추어 보았다. 왜냐하면 형이상학적 무한은 유한의 피안에 자리 잡고 유한과 대립했기 때문이다.

17, 8세기의 영국의 경험론 철학자들은 우리가 무한을 경험할 수 없기 때문에 무한이 존재하지 않을 뿐만 아니라 무의미하다고 여겼다. 더군다나 버클리 같은 경험론 철학자는 미적분에서 다루는 무한미차도 유령이라고 간주하여 내치기까지 하였다. 무한에 대한 그들의 견해는 관념론 철학자인 칸트의 『순수이성비판』에 계승되었다.

무한에 대한 칸트의 견해는 『순수이성비판』의 제1, 2 이율배반에 잘 드러나 있다. 그는 『순수이성비판』에서 무한대와 같은 양적 무한은 "그 양 이상으로(즉, 그 안에 포함된 단위의 수량 이상으로) 한층 더 큰 양이 가능하지 않다는 뜻이다."[40] 그러나 양적 무한에 대한 이런 정의는 모순적이다. 왜냐하면 정량일 수 없는 양적 무한이 정량으로 취급되기 때문이다. 그러나 양적 무한에서 정량은 지양되어 질적인 개념 규정성이 나온다고 헤겔은 비판하였다. "무한대나 무한소는 더 이상 증감될 수 없는 그런 크기이기 때문에 그것은 *사실상 정량* 그 자체가 *아니다.* … 그러나 정량이 … 지양되어 있다는 반성은 흔히 받아들여지지 않고 통상적인 개념 파악을 위해서도 어려움을 야기한다. 왜냐하면 정량이 무한함으로써 정량은 지양된 것으로서, 하나의 정량이 아니면서도 그 *양적 규정성으로 머무는* 그런 것으로서 사유되도록 요구받기 때문이다."41)

칸트는 양적 무한은 최대나 최소가 아니기 때문에 무한은 완결될 수 없다고 여겼다. "무한성의 참(선험적) 개념은, 어떤 [주어진] 양을 다 측정해버리더라도 단위의 계속적 종합이 완료될 수 없다는 것이다."42) 따라서 칸트는 잠재적 무한(가무한)만 인정하고 실무한은 인정하지 않음을 우리는 여기서 알 수 있다. 이런 점에서 칸트는 아리스토텔레스의 가무한과 실무한의 구분을 받아들이는 것 같다.

헤겔의 용어로 말하자면 무한의 선험적 개념은 무한누진일 뿐이다. 그것도 인식 주관에만 주어지는 것이지 객관적으로 존재하는 것이 아니다. 이런 무한 개념에서 "무한누진 이외의 어떤 것도

---

40) I. 칸트, 『순수이성비판』, 최재희 역, 박영사, 2001, p.351.

41) G. W. F. Hegel, *Die Lehre vom Sein*(1832), Felix Meiner Verlag, 1990, p.262-p.263.

42) I. 칸트, 『순수이성비판』, 최재희 역, 박영사, 2001, p.352.

언표되어 있지 않고 게다가 무한누진은 *선험적으로,* 즉 본래 주관적이고 심리적으로 표상되어 있을 뿐이다. … 그러므로 정량은 크기가 포함하는 모순에 여기서 일반적으로 빠져 있게 되지만 정량은 객관과 주관으로 나누어져서 객관에게는 한정성이 부여되지만 주관에 의해서 파악된 각각의 규정성의 악무한적 초월은 주관에 부여된다."[43]

형이상학적 무한과는 반대로 수학적 무한의 근저에는 참된 무한이 놓여 있으며 그런 점에서 수학적 무한이 형이상학적 무한보다 우월하다고 헤겔은 평가한다. "철학적 견지에서 볼 때 수학적 무한은 중요하다. 왜냐하면 참된 무한의 개념은 수학적 무한의 근저에 놓여 있고 수학적 무한은 자신에 대해 비난을 퍼붓는 이른바 보통의 *형이상학적 무한*보다도 훨씬 더 우월하기 때문이다."[44] 그러나 무한의 수학, 즉 미적분학이 형이상학적 무한을 능가하는 참된 무한의 계기를 품고 있다고 하더라도 그것은 수학적 무한과 그것의 사용을 정당화하는 데에는 성공하지 못했다. 특히 미분 계산을 수행하기 위해서 수학은 무한미차를 정량처럼 취급하여 계산하는 과오를 저지르고 모순에 빠지기 때문이다.

> 수학적 무한을 처리하는 방법의 경우에는, 수학이 일반적으로 학문적으로 근거하는 *특유한 방법* 자체에 *주요한 모순*을 그것은 발견한다. 왜냐하면 무한자의 계산은 수학이 유한한 크기의 연산들의 경우에 철저하게 내치지 않으면 안 되는 처리방식을 허용하며

---

43) G. W. F. Hegel, *Die Lehre vom Sein*(1832), Felix Meiner Verlag, 1990, p.264.
44) 앞의 책, p.260.

요구하고 이와 동시에 무한한 크기를 유한한 정량처럼 취급하여 유한한 정량의 경우에 타당한 것과 동일한 처리방식을 무한한 크기에 적용하려 하기 때문이다.[45]

게다가 무한미차를 다루는 경우에, 수학은 계산을 수월하게 하기 위해서 2차 미분 이상의 크기는 상대적으로 미미하다고 보아 무시해버린다. 수학의 이런 처리방식은 엄밀한 수학적 증명방법과는 어울리지도 않고 정확하지도 못하다. "무한을 계산하는 이 방식이 한편으로는 유한량을 무한히 작은 크기만큼 증가시키고 이 무한히 작은 크기들 일부는 이어지는 연산에 보존하지만 그 일부를 무시함으로써 부정확성의 외관을 드러낸다. 의심할 여지가 없는 부정확성에도 불구하고 차이가 *도외시될 정도로* 상당히 근사하거나 아주 근사한 결과가 아니라 *완전히 정확한* 결과가 나온다는 기묘성을 이 처리방식은 포함한다."[46]

무한을 계산하는 수학적 처리방식의 이러한 기묘성에도 불구하고 수학적 무한이 고차의 해석학에 사용되는 방식은 참된 무한의 개념에 상응한다고 헤겔은 평가한다. 수학적 무한에서는 정량은 질적 개념 규정성을 포함하기 때문이다. "무한한 정량은 더 이상 어떠한 유한적 정량도 아니고 *정량*으로서의 *정유*를 지닐 크기 규정성도 아니다. 오히려 그것은 단순하고 따라서 *계기*로서만 존재한다. 그것은 *질적인 형식*을 띤 크기 규정성이다. … 다시 말하자면, 그것은 자신과 *비례*를 이루는 것에 대한 관계에서만 의미를

지닐 뿐이다. *이러한 비례를 떠나서는 그것은 영이다.*"47)

헤겔은 비례의 예로 $\frac{2}{7}$와 $\frac{1}{1-a}$을 든다. $\frac{2}{7}$는 0.285714…로, $\frac{1}{1-a}$은 $1+a+a^2+a^3+$ …($|a|$ < 1)로 표현될 수 있다. 그러나 0.285714…와 같은 무한수열의 표현과 $1+a+a^2+a^3+$ …과 같은 무한급수의 표현은 무한하게 진행되는 수열의 항목을 다 드러낼 수 없어서 완료되지 않는다. 그래서 그것들에게는 무한은 항상 그 피안에 머무를 수밖에 없다. 따라서 이런 표현들은 무한의 부적절한 표현에 불과하다. "집합수는 *사람들이 필요로 할 만큼* 정확하게 수열의 연속에 의해서 만들어질 수 있긴 하지만 수열에 의한 표현은 당위로 항상 머물 뿐이다. 그것은 지양될 수 없는 *피안*에 부착되어 있다. *질적인* 규정성에 근거하는 것을 *집합수*로 표현하는 것은 *영속하는 모순*이기 때문이다."48) 그러므로 무한수열은 악무한을 포함한다.

이와는 달리 $\frac{a}{b}$와 같은 분수는 무한수열이나 무한급수의 합을 정량 a, b에 의해 제시하는 무한의 더 적절한 표현이다. $\frac{a}{b}$에서는 a, b가 정량이긴 하지만 서로 무관심적이면서도 비례를 이루고 있어서 a, b는 $\frac{a}{b}$의 계기들이다. 그래서 $\frac{a}{b}$에서는 a는 b와의 관계에, b는 a와의 관계에 서 있다. 게다가 $\frac{2}{7}$는 $\frac{4}{14}$, $\frac{6}{21}$, $\frac{8}{28}$ 등으로 무한

---

47) 앞의 책, p.265.
48) 앞의 책, p.268.

하게 대체될 수 있으므로 무한성의 계기를 내포할 수 있다.

더 엄밀하게 보자면, 양자를 구분하는 것은, 무한수열에서 *부정적인 것*은 자신들이 *집합수*의 부분들로서만 간주됨으로써 현존하는 이 수열의 지절들 *외부에* 있다는 것에 곧장 놓여 있다. 이에 반해 하나의 비례인 유한한 표현에서는 *부정적인 것*은 비례의 두 항들의 *서로에 의해* 규정된 유로서 내재적이다. 이 규정된 유는 자신으로 귀환한 유이자 부정의 부정으로서 자기 관계적인 통일(비례의 두 항은 *계기로*서만 존재한다)이며 따라서 무한성의 규정을 *자신 안에* 지닌다.[49]

그리하여 스피노자가 부등한 두 원 사이에 있는 공간이라는 수학적 예에서 무한을 보았듯이[50] 헤겔도 무한을 유한한 크기로써 표현할 수 있다고 여겼다. 물론 무한수열이나 무한급수는 항목들을 다 열거할 수 없기 때문에 상상의 무한이나 악무한에 불과하다. 그러나 $\frac{2}{7}$와 $\frac{1}{1-a}$은 유한한 크기로써 무한을 표현하는 사유의 무한, 실무한이다. 이 실무한에서는 불가통약성의 근거를 이루는 질적인 관계가 포함되어 있다고 헤겔은 지적하였다.

그렇지만 $\frac{a}{b}$는 질적인 관계가 드러나긴 하지만 아직 양적인 비례를 벗어나지 못한다. $\frac{a}{b}$는 $\frac{y}{x}$=a와 같이 a, b는 변량일 순 있지

---

49) 앞의 책, p.269.

50) "예를 들어 두 개의 원 안에 동일하지 않은 거리들 AB와 CD의 합과 움직인 물체가 이 한정된 공간 내에서 가질 수 있는 변동 폭들의 합은 가능한 모든 수를 넘어섭니다. … 우리가 이 공간을 아무리 작은 것이라고 가정한다고 해도, 동일하지 않은 거리들의 합은 주어진 수를 항상 넘어설 것이기 때문입니다."(스피노자, 『스피노자 서간집』, 이근세 옮김, 아카넷, 2018, p.82)

만 고정된 정량, 즉 상(商)을 갖기 때문이다. 그러나 함수 $\frac{y^2}{x}$=p와 같은 멱비례에서는 사정이 달라진다. 이 함수에서는 x는 y에 비례하는 게 아니라 y^2에 비례하므로 x와 y는 일정한 정량일 수도 없고 고정된 상을 지닐 수도 없어서 변화적이다. "*멱*에 대한 크기의 비례는 *정량*이 아니라 본질적으로 *질적인* 비례다. *멱비례*는 사실상 근거 규정으로서 간주해야 한다. — 그러나 직선의 함수 y=ax에서 $\frac{y}{x}$=a는 통상적인 분수이자 상이다. … x와 y는 미적분계산이 그것들을 고찰할 때 사용하는 것과 동일한 규정을 사용하지 않는다."[51] 바로 이러한 멱비례가 $\frac{dy}{dx}$라는 미분계수를 해석하는 발판이다.

2) $\frac{dy}{dx}$에 대한 헤겔의 해석

헤겔은 양적인 것의 질적 규정성의 계기를 양적인 비례에서 우선 발견하고 나서 멱비례, 더 나아가서 미분계수에서 질적 규정성의 전형을 발견한다. 무한미차의 미분계수는 멱비례에 토대를 두고 있는 셈이다.

> 양적인 것의 질적 규정성은 맨 먼저 *비례* 일반에서 전개된다. 그러나 … *멱비례*에서 야말로 수는 자신의 개념 계기들인 단위와 집합수의 등치에 의해서 자기 자신으로 귀환된 것으로서 정립되어 있고 그럼으로써 무한성의, 대자유(Fürsichsein, 對自有), 즉 자

---

51) G. W. F. Hegel, *Die Lehre vom Sein*(1832), Felix Meiner Verlag, 1990, p.274.

기 자신에 의해 규정된 유의 계기를 그 자신에서 보유한다는 것이 이른바 갖가지 계산양식을 입증할 때에도 이미 예기되어 있다. 질적인 크기 규정성이란 표현은 …본질적으로 멱규정과 관계한다. 그리고 미분 계산은 질적인 크기형식으로써 연산하는 특성이 있으므로 그것의 특유한 수학적 대상은 멱형식의 처리이지 않으면 안 된다.[52]

미분 계산에서 사용하는 무한미차의 미분계수는 19세기와 마찬가지로 오늘날에도 다음과 같이 공식화된다.

$$\frac{dy}{dx} = \lim_{\triangle x \to 0} \frac{f(x + \triangle x) - f(x)}{\triangle x}$$

헤겔은 $\frac{dy}{dx}$ 를 멱비례와 같은 질적 비례로 간주하였다. 이 공식에서 dy=0, dx=0은 미분 계산도 불가능하고 아무런 의미도 없다. 그렇다고 해서 dy, dx는 정량도 아니다. 그것들은 소멸해 가는 양이기 때문이다. 그것들은 비례를 이루지만 불가통약적이다. 그리하여 그것들은 $\frac{dy}{dx}$ 의 계기로서 dy는 dx와의 관계에서만, dx는 dy와의 관계에서만 존립할 수 있다. 이런 점에서 $\frac{dy}{dx}$ 는 유도 아니고 무도 아니고 더군다나 유와 무의 중간상태도 아니다. 그것은 생성

---

52) G. W. F. Hegel, *Die Lehre vom Sein*(1832), Felix Meiner Verlag, 1990, p.303-p.304. 무한성의 개념과 관련하여 멱비례는 도량으로 연결되는 핵심적 역할을 한다고 미하헬 볼프는 보았다. "헤겔은 질적 규정성과 양적 규정성의 통일인 멱비례로써 모든 수학적 범주들의 연역연관을 재건할 수 있다고 믿었다. (대자적으로 규정된 양적 비례로서의) 도량의 범주는 멱비례에서 그 기초가 마련되어 있는 것처럼 헤겔에게 보였다."(Horstmann, R. P. & Petry, M. J.(hrsg.), *Hegels Philosophie der Natur*, Klett-Cotta, 1986, p.263)

의 개념에 상응한다. 그렇기 때문에 그것은 양적인 크기 규정성이라기보다는 질적인 크기 규정성이다. "미분 계산에서 dx와 dy로 나타나는 무한소는 유한하지도 않고 주어지지도 않는 크기라는 부정적이고 공허한 의미(사람들이 흔히 무한한 집합, 무한한 진행 따위라고 말할 때의 부정적이고 공허한 의미)를 지니는 게 아니라 양적인 것의 질적인 규정성이라는 의미, 비례 계기 그 자체라는 일정한 의미를 지닌다."[53] 그리하여 헤겔은 $\frac{dy}{dx}$ 는 질적인 크기로 간주되어 미분 계산이 수행되어야 한다고 보았다.

17, 18세기에 미적분학이 개발되어 수학적으로나 물리학적으로나 많이 사용되었지만 수학에서 $\frac{dy}{dx}$ 의 의미를 확정하는 데 실패하였다. 그래서 $\frac{dy}{dx}$ 의 의미를 두고 많은 논란이 수학에서 생겨났다. 헤겔은 이러한 논란을 크게 두 가지로, 즉 무한소와 극한의 의미로 정리하였다. 미분계수를 무한소와 극한으로 해석하는 방식은 모순적일 뿐만 아니라 혼란만을 야기할 수 있을 뿐이라고 헤겔은 생각했다. 왜냐하면 $\frac{dy}{dx}$ 는 불가통약적 비례로서 질적인 크기 규정성인데 앞의 방식은 이를 간과하기 때문이다.

라이프니츠와 그를 추종하는 수학자들은 $\frac{dy}{dx}$ 를 무한소로 해석한 반면에 뉴턴과 그를 추종하는 수학자들은 $\frac{dy}{dx}$ 를 극한으로 해

---

53) G. W. F. Hegel, *Die Lehre vom Sein*(1832), Felix Meiner Verlag, 1990, p.292.

석하였다. 무한소는, 앞에서도 언급했다시피, 몽롱한 안개와 그림자와 같은 악무한이라고 헤겔은 비판했다. 라이프니츠는 $\frac{dy}{dx}$ 를 무한소로 해석하였지만 결코 존재한다고 생각하지 않고 가공적인 것으로 여겼다. 그러나 무한소 자체가 악무한이라는 헤겔의 비판을 라이프니츠는 비켜 갈 수 없다.[54]

헤겔은 『논리학』에서 뉴턴의 유율법(미적분학)을 특히 많이 공격하였다. 뉴턴은 『프린키피아』에서 무한소의 개념이 의심스럽기 때문에 미분 계산은 극한에 근거해서 수행되어야 한다고 보았다. "무한소의 가설은 아직 제대로 정립되지 않았으며, 비기하학적이라고 여기고 있기 때문에, 나는 뒤에 나오는 법칙들의 증명을, 처음에 막 생기는 양과 맨 마지막에 사라지는 양의 합과 비율에 관한 문제로 환원시키려고 한다. 즉, 그러한 합과 비율의 극한을 써서, 될 수 있는 한 간단하게, 그 극한의 증명으로 바꿔놓겠다."[55] 그의 극한 해석은 오일러, 코시를 거쳐 바이어슈트라스에 이르기까지 계승된다. 바이어슈트라스가 수학적 기호만을 사용하여 엄밀하게 미분계수를 정의한 이래로 그의 극한 정의는 오늘날까지 통용되고 있다.

그러나 $\frac{dy}{dx}$ 로 미분 계산을 수행할 때 비일관성에 빠질 수 있다. $f(x)=x^2$ 이라 두면 $f'(x)=2x$ 이다. 그러나 도함수를 구하는 이 과정에

---

54) 무한소도 오늘날 로빈슨의 비표준 해석학에 따르면 비표준 수로 인정될 수 있다. 비표준 해석학은 오늘날 수학적으로 정당한 것으로 입증되었다.

55) 아이작 뉴턴, 『프린키피아』, 이무현 옮김, 교우사, 2001, p.53.

서 비일관성이 나온다.

$$\frac{f(x + \triangle x) - f(x)}{\triangle x} = \frac{(x^2 + 2x\triangle x + \triangle x^2) - x^2}{\triangle x}$$

$$\frac{2x\triangle x + \triangle x^2}{\triangle x} = 2x + \triangle x \, (\triangle x \neq 0)$$

$$2x + \triangle x = 2x \, (\triangle x = 0)$$

$\frac{dy}{dx}$의 이런 미분 계산에서 $\triangle x$가 앞에서는 0이 아니면서 뒤에 가서는 0이 된다.

이와 유사한 비일관성을 헤겔은 극한 해석에서 찾아내었다.

y=fx일 때, y가 y+k로 이행한다면 fx는 $fx + ph + qh^2 + rh^3$ 등으로 변화하고 이로써 $k = ph + qh^2$ 등이고 $\frac{k}{h} = p + qh + rh^2$ 등이다. 그런데 만일 이제 k와 h가 소멸한다면 p를 제외한 제2 지절도 소멸하고 따라서 p는 이제 두 증가의 비례 극한일 것이다. 하지만 h는 정량으로서 0과 등치되고 그 때문에 $\frac{k}{h}$는 동시에 $\frac{0}{0}$이라는 현실적인 비례가 아니라 비례가 *무한하게, 즉 차이가 각각의 주어진 차이보다 더 작게 될 수 있을 정도까지 접근해갈 수 있는* 일정한 값이기로 되어 있다. … 그러나 이럼으로써 $\frac{dy}{dx}$=0을 넘어설 수는 없었다. 그 반대로 만일 $\frac{dy}{dx}$가 p라면, 즉 $\frac{dy}{dx}$가 일정한 양적 비례로서 간주된다면(사실 그렇지만), h=0을 정립했던 전제가 거꾸로 곤란에 빠진다. 하지만 이 전제에 의해서만 $\frac{k}{h} = p$가 얻어진다. 그러나 $\frac{k}{h} = 0$임을 허용한다면(그리고 h=0일 때 사실상 k=0이 저절로 된다. 왜냐하면 y에서 증가 k는 증가 h가 존재한다는 조건 아래에서만 발생하기 때문이다), 전혀 규정적이고 양적인 값인 p는 도대체 무엇인가 라고 묻지 않을 수밖에 없을 것이다.[56]

56) G. W. F. Hegel, *Die Lehre vom Sein*(1832), Felix Meiner Verlag, 1990, p.293-p.294.

여기서 헤겔은 미분 계산을 수행할 때 h=0과 h≠0 사이를 왕래할 수밖에 없는 비일관성을 지적한 셈이다.

뉴턴과 라그랑주를 거쳐 코시에 이르는 극한 해석에서 문제가 될 수 있는 부분은 이것만이 아니다. 운동하는 물체의 함수에서 그 변화율을 구할 때 고차의 멱은 상대적으로 미미하다는 이유로 무시하는 오류도 거기서 나온다. 이러한 오류는 변량의 함수에 나타나는 정량의 질적 규정성을 도외시해서 생겨나는 법이다.

> *역학에서는* 운동의 함수가 전개되는 수열의 지절들에게 *일정한 의미*가 주어지고 그 결과 첫 번째 지절 또는 첫 번째 함수는 속도의 계기에, 두 번째 함수는 가속도에, 세 번째 함수는 힘의 저항에 관계한다. 이로써 수열의 지절들은 여기서 합의 *부분들로서만* *간주되어야* 하는 게 아니라 *개념의 전체*를 이루는 *질적 계기*들로서 간주되어야 한다. … 뉴턴의 해법 속에 수열의 지절들이 *합의 부분들*로서만 고려되었기 때문이 아니라 문제가 되었던 *질적 규정*을 포함하는 지절이 고려되지 않았기 때문에 뉴턴의 해법은 앞의 오류를 포함했다.[57)]

요컨대, 헤겔의 비판은 뉴턴으로부터 시작해서 라그랑주를 거쳐 코시에 이르는 미분의 극한 해석은 정량의 질적 개념 규정성과 미분계수의 비례적 본성을 통찰하지 못하였다는 데에 집중되고 있다. 주어진 작은 차이보다 더 작은 양적인 차이는 이미 양적

---

57) 앞의 책, p.288-p.289. 라그랑주의 경우에도 뉴턴의 오류와 유사한 오류가 반복되고 있다고 헤겔은 비판했다. 시간과 거리의 함수 x=ft가 $f(t+\vartheta)$로 전개되면 $ft+\vartheta f't+\frac{\vartheta^2}{2}f't+\frac{\vartheta^3}{2\cdot3}f'''t$ 등이 된다. 라그랑주는 제1부분의 운동이 $f't$에 비례하는 속도이고 제2부분의 운동은 $f''t$에 비례하는 가속도이므로 그 나머지 지절은 운동과 직접적 관계가 없기에 무시해도 된다고 단언했다. 이에 관해서는 앞의 책, p.288-p.289의 주를 참조하라.

인 차이가 아니라 질적인 성격을 띠고 있으며 무한미차의 극한은 몰비례적인 것에 불과하다고 헤겔은 질타했다. 그렇기 때문에 수학은 무한미차의 질적인 의미를 파악할 수 없다. 이것이 수학의 한계라고 헤겔은 주장하였다. "물리학의 크기 규정이 계기들의 *질적 본성*을 근거로 삼는 법칙들인 한, 수학은 일반적으로 물리학의 크기 규정을 증명할 능력이 없다. 왜냐하면 단순히, 수학이 철학이 아니어서 *개념으로부터* 출발하지 *않고*, 따라서 질적인 것이 보조정리적인 방식으로 경험으로부터 채택되지 않는 한, 질적인 것이 수학의 영역 바깥에 놓이기 때문이다."[58]

뉴턴에서 코시에 이르는 수학의 미분해석을 다시금 간단히 살펴보자. 17, 8세기에 수학적 무한은 미적분을 통하여 대두되었다. 수학적 무한이 근대 형이상학이 상정하는 무한보다 더 큰 의미가 있다고 그는 일단 간주했다. 그러나 수학자들이 무한 개념에서 등장하는 불가통약성의 문제를 해석학을 통하여 제대로 다루지 못했다고 그는 비판하였다. 그의 지적처럼 헤겔 당대의 수학은 아직 미분의 문제를 엄밀하게 해석하지 못하고 방황하고 있었다. 이를테면 수학에서 미분계수 $\frac{dy}{dx}$ 는 무한소로서 해석되든지(라이프니츠), 또는 0을 향한 무한정한 접근의 유율(fluxion)에서 비율의 극한으로서 해석되었다(뉴턴).

헤겔은 아르키메데스의 무한소멸법(Method of Exhaustion)에 근거하는 뉴턴과 라그랑주의 미분해석에 영향을 크게 받긴 하였

---

58) 앞의 책, p.300.

다. 하지만 그는 $\frac{dy}{dx}$ 가 수학적으로는 정당화될 수는 없고 철학적으로 해석되어야 한다고 생각하였다. 그래서 그는 $\frac{dy}{dx}$ 를 무한소로서 해석하거나 극한으로서 해석하는 작업이 충분히 정당하다고 보지는 않았다. 무한소와 극한은 비례의 질적인 규정을 드러내지 않는다고 그는 보았기 때문이다. 그리하여 그는 $\frac{dy}{dx}$ 를 불가통약적인 dy와 dx가 맺는 질적인 관계(비례)로서 해석하였다. 다시 말하자면 $\frac{dy}{dx}$ 에서 양적인 규정으로부터 질적인 규정으로 이행하는 크기의 개념 규정성이 등장한다고 그는 보았다. 그런데 그에 따르면 미적분계산의 근저에 놓여 있는 이 질적인 크기 규정은 수학적인 방식으로는 정당화될 수 없다.

코시가 $\frac{dy}{dx}$ 를 정의할 때 사용한 '극한에 대한 무한정한 접근'이나 '주어진 어떤 차이보다 더 작게 된다'와 같은 일상언어의 은유적 표현은 오늘날 수학에서는 기피되고 엄밀하고 형식적으로 일관성이 있는 산술적 표현이 선호된다. 코시도 ε—δ 기법을 사용하긴 했지만 그는 앞의 일상언어의 은유적 표현들도 혼용하였다. 그러나 19세기 중엽에 바이어슈트라스는 '무한정한 접근' 등과 같은 일상언어적 모호한 표현을 제거하고 $\frac{dy}{dx}$ 를 ε—δ 기법으로 극한으로서 형식화해서 수학적 기호만으로 엄밀하게 정의하였다. "네가 $f(x_n)$ 을 L로 대체할 수 있고 $(|x - x_n| < \delta) \& (|f(x) - L| < \epsilon)$ 이 참인 그런 어떤 ϵ 에 대하여 δ 를 여전히 구할 수 있다면 f(x)는 x_n

에서 극한 L을 갖는 것으로 정의될 수 있다."[59] 따라서 극한은 다음과 같이 정의된다.

$$\lim_{x \to x_n} f(x) = L$$

바이어슈트라스의 극한 정의는 헤겔이 죽고 난 뒤에 나왔기 때문에 헤겔은 이 정의에 대해 아무런 말도 할 수 없었다. 그럼 헤겔은 이 정의에 동의할까? 바이어슈트라스의 이 정의에서 극한은 실무한이 아니라 가무한을 여전히 벗어나지 못한다.[60] 게다가 이 정의는 ϵ-δ 관계로 이루어지지만 거기에서 비례적 의미는 찾을 수 없다. 그런 점에서 바이어슈트라스가 극한을 수학적으로는 엄밀하게 정의했을지 모르나 $\frac{dy}{dx}$ 를 개념적으로 파악하는 데 성공하지는 못하였다고 헤겔은 생각했을 것이다. 따라서 헤겔은 아마도 이 정의를 만족스럽게 생각하지 않았을 것이다. $\frac{dy}{dx}$ 를 개념적으로 파악하기 위해서는 수학보다 더 넓은 시야인 관계적 존재론의 지평이 필요할 것이다. 헤겔의 미분해석은 바로 이런 관계적 존재론에 근거하기 때문이다.[61]

---

59) D. F. Wallace, *Everything and more*, W. W. Norton & Company, 2010, p.186.

60) "19세기 해석학과 함수이론에 관해 괄목할 만한 것은 그것들이 점점 더 세련될수록 ∞에 대한 그것들의 취급은 괴이하게도 아리스토텔레스의 진부하고 낡은 '잠재성' 개념을 점점 더 닮아갔다는 것이다. 그리고 이 세련화의 그리고 이 닮음의 바로 그 절정은 바이어슈트라스의 해석학이다."(앞의 책, p.196)

61) 관계적 존재론에 관해서는 조홍길, 『무아의 새벽』, 한국학술정보, 2019, p.73이하를 참고하라.

제5장

/

가무한과 실무한
: 수학의 집합이론에
비춰본 헤겔의 무한 개념

1) 칸토어와 무한집합

앞에서 언급했다시피, 무한의 문제는 이미 3,000년 전 그리스 시대에 제논에 의해 제기되었다. 제논에 의해 제기된 무한의 문제는 아리스토텔레스가 가무한과 실무한을 구분함으로써 수면 아래로 가라앉아 버렸다. 그 뒤 서양의 중세에는 신이라는 절대적 무한만이 무한 논의의 대상이 되었을 뿐이다. 그러다가 17세기에 이르러 뉴턴과 라이프니츠가 무한의 수학인 미적분학을 개발함에 따라 무한의 문제는 다시 불거졌다. 운동하는 물체의 변화율을 계산하기 위해서는 $\frac{dy}{dx}$라는 무한의 문제가 해결되어야 했기 때문이다. 그리하여 $\frac{dy}{dx}$를 무한소로 해석해야 하느냐 아니면 극한으로 해석해야 하느냐에 관한 격렬한 논쟁이 일어났다. 결국 바이어슈트라스가 ϵ-δ 기법에 의해 산술적 기호만을 써서 $\frac{dy}{dx}$를 극한으로 해석함으로써 일단락되었다. 그러나 무한의 문제는 이것으로 끝난 건 아니었다. 무한의 문제는 수학적인 문제이면서 동시에 철학적인 문제이기도 했기 때문이다.

19세기 말에 이르러서 칸토어가 집합론을 통해 실무한을 수학에 끌어들여 무한의 크기를 분류하고 계산함으로써 무한의 서열을 만들어내었다. 칸토어는 실무한을 수학 안으로 끌어들인 탓에 수학자들로부터 엄청난 공격과 저항을 받아 한때 철학과 교수로 이직하려고 했었다. 무한의 문제는 수학적인 차원에 있는 문제가 아니라 철학적인 차원에 있는 문제라고 그 당시에는 주로 인식되었기 때문이다.

> 17세기 말부터 19세기 중반까지, 미적분계산의 기초는 논란거리였다. 대부분의 수학 연구자들은 이 사실을 알고 있으면서도, 그들은 그 시기 동안에 유행했던 논의를, 논리적으로 보호하거나(뉴턴) 지지될 수 없는 (라이프니츠)의 착상으로부터 근대적인 엄밀함의 기준을 충족시키는 코시와 바이어슈트라스의 방법으로 나아가면서, 기술적 세부에 관한 논쟁으로 전적으로 간주하려는 경향이 있다. 그렇지만 … 미적분의 기초에 대한 문제는 그들에게는 대체로 철학적인 문제였다. 이와 똑같이 집합론의 문제가 우리 시대에는 기술적인 것에 못지않게 철학적인 것으로 간주된다.[62]

칸토어는 헤겔이 죽은 뒤에 태어나 활동한 수학자이다. 그는 헤겔만큼 무한을 향한 열정이 강한 수학자로서 집합론의 기초를 닦은 사람이다. 오늘날 집합론은 대수학과 기하학 등 수학의 모든 분야를 아우르는 수학의 기초라고 할 수 있다.

그의 놀랄 만한 업적은 그가 집합론을 통해 수학적 무한의 개

---

62) Robinson, A., "The Metaphysics of the Calculus". in J. Hintica(ed.), *The Philosophy of Mathematics*, Oxford University Press, 1969, p.153.

념을 공들여 만들었다는 것이다. 칸토어가 수학자로서 왕성하게 활동하기 전까지 수학자들은 무한의 개념을 수학에 도입하기를 꺼렸다. 그러나 그는 과감하게 그 개념을 수학에 도입하였다. 이로써 그는 수학의 금기에 도전한 셈이었다. 그는 여기에 그치지 않고 심지어 무한의 크기를 계산하고 분류하여 무한의 서열을 수학적으로 증명하려고까지 하였다. 무한이란 그 당시까지만 해도 신학이나 철학에서 다룰 수 있는 개념이지 수학에서 다룰 수 있는 개념이 아니라는 선입견이 확고했기 때문에 그는 학계로부터 엄청난 압박을 받아 정신병원에 드나들지 않으면 안 될 정도였다. 그런데도 그는 학계의 압박에 굴하지 않고 집합론의 체계를 수립하였다.

여기서는 그의 작업을 상세하게 설명할 필요는 없을 것 같다. 그의 작업은 이미 수학자들이 충분히 소개하고 있기 때문이다. 그래서 그의 작업 가운데 철학과 관련된 몇 가지 사항만 다루겠다.

그는 가무한과 실무한을 구분하여 가무한만 인정하고 실무한을 부정하는 아리스토텔레스의 견해, 즉 무한을 사실상 거부하는 견해를 거부한다. 아리스토텔레스의 이러한 견해는 거의 2000년 동안 서양문화를 지배해왔다. 가무한은 우리가 가까이 갈 수 있지만 결코 도달할 수 없는 무한이다. 그것은 완결될 수 없는 무한이라서 잠재적 무한이라고 불린다. 그 반면에 실무한은 완결된 무한이고 단일한 개체로서 현실적으로 존재하는 무한이다. 아리스토텔레스의 견해로 볼 때나 우리의 관찰과 경험으로 볼 때 무한은 현실적으로 존재할 수도 없고 우리가 잡을 수도 없는 안개와 같은 것이다.

그러나 그는 집합이라는 수학적 개념을 통하여 무한을 단일한 개체로서 묶어 세고 무한의 서열을 수학적으로 증명하려고 하였다.

그의 집합이라는 유명한 수학적 개념부터 우선 살펴보자.

> 집합(Menge)이라는 술어에 의해서, 우리는 어떠한 사물이든, 우리가 사유하거나 직관하는 대상이고, 충분히 확정되고, 또한 서로 구별되는 사물 m(이 사물들은 이 집합의 '요소'라고 명명된다)의, 전체로의 총괄 M을 말한다고 이해한다. 기호로서 우리는 이것을 다음과 같이 표현한다:

$$M = \{m\}[63]$$

집합은 당연히 유한에만 적용되는 게 아니라 무한에도 적용된다. 그리하여 자연수의 무한집합 N은 $N = \{1, 2, 3, \cdots\}$으로 표현될 수 있을 것이다. 자연수 집합 전체는 무한집합이라서 이 집합의 요소들을 모두 다 표기할 순 없지만 집합 N이라는 단일한 개체로 묶을 수는 있다. 그런 점에서 자연수 집합 전체는 실무한이 되는 셈이다.

유한집합은 일정한 요소들이 모여서 이루어지는데 요소들이 많을수록 그 크기가 커진다. 그리고 그 크기를 농도라고 부르고 이 농도가 그 집합의 기수가 된다. 이런 규칙을 무한집합에도 적용하면 자연수 집합 N은 모든 유한 기수 전체에 의해 이루어지는 집합이면서 셀 수 있는 집합이므로 그 기수는 $\aleph_0$(Alef-null)이라고 명명된다. 그러면 무한집합에도 기수의 크기에 따라 서열이 생긴다.

---

63) カントル, G., 『超限集合論』, 功力金二郎 & 村田全 譯・解說, 共立出版株式會社, 1979, p.1.

$\aleph_0$로부터 출발해서, 하나의 정해진 규칙에 의해, $\aleph_0$의 다음으로 큰 기수 $\aleph_1$에 도달하고, 또 이것으로부터 동일한 규칙에 의해, 다음으로 큰 기수 $\aleph_2$에 도달하고, 이하의 순서로 좇아가서 똑같이 나아간다. 그러나 이 무한수열 $\aleph_0$, $\aleph_1$, $\aleph_2$, ···, $\aleph_\nu$, ···도 초한기수의 개념 전체를 다하지 않는다. ··· 각각의 초한기수 a에 대해서는, 어떤 일정한 통일적 법칙에 의해, 그것 바로 다음으로 큰 기수를 a로부터 생기게 할 수 있다. 또한 초한기수 a의 상계(上界)가 없는 증가정렬집합의 각각 $\{a\}$에는, 그것들의 기수 다음으로 큰 기수가 일정한 통일적 법칙에서 거기로부터 생긴다. ··· 이 사항에 대한 엄밀한 이론의 건설에는, 우리는 이른바 '순서형'이라는 개념을 이용한다.[64]

무한집합에는 초한기수뿐만 아니라 초한순서수도 있다. 초한기수는 요소들의 순서나 성질을 고려하지 않고 집합의 크기만을 고려한 무한집합의 수이지만 초한순서수는 순서를 고려한 무한집합의 수다. 자연수의 집합은 그 기수가 $\aleph_0$라고 명명되지만 그 순서수는 ω라고 명명된다. 그리고 자연수의 집합과 같은 순서 유형 ω는 $\omega+1$, $\omega+2$, ···나 $\omega \cdot 2$, $\omega \cdot 3$, ··· 등으로 세어나갈 수 있다. 그렇다면 초한기수의 무한수열 $\aleph_0$, $\aleph_1$, $\aleph_2$, ···, $\aleph_\nu$ ···도 ω의 순서 유형과 유사한 정렬집합이 된다. 그러므로 초한기수의 수열처럼 자연수의 순서 유형 집합인 ω도 끝이 없이 이어질 수 있을 것이다.

초한기수의 무한수열은 칸토어의 생각과는 달리 엄밀하게 증명되지 않고 여러 가지 문제를 유발하고 말았다. 가령, $\aleph_0$은 셀 수 있는 무한, 이를테면 자연수 집합의 기수다. 칸토어는 짝수의 집합도, 유리수의 집합도 자연수의 집합과 일대일 대응하므로 자연

---

64) 앞의 책, p.20. 칸토어 전집을 편찬한 체르멜로는 이 대목을 의심스럽게 여겼다.

수의 집합과 기수가 같다고 주장한다. 그런데 이렇게 되면 전체는 부분보다 크다는 그리스 시대 이래로 내려오는 공리에 위배하게 된다. 자연수 집합은 유리수 집합의 부분집합이고 짝수의 집합은 자연수 집합의 부분집합인데 부분과 전체가 같을 수 있다는 결론이 나오기 때문이다. 그러나 칸토어는 무한집합의 경우에는 유한집합에 적용되는 원칙이 적용될 수 없다고 보았다. 그러면 부분이 전체와 같을 수도 있다!

갈릴레이는 이미 17세기에 무한의 크고 작음은 무의미하다고 통찰했다. 헤겔도 갈릴레이의 통찰을 받아들여 무한의 크기를 비교할 수 없다고 생각했다. 그런데 칸토어는 여기서 한 걸음 더 나가 무한에도 크고 작음이 있다고 주장했다.

그는 집합의 일대일 대응이라는 규칙을 이용하여 실수의 집합은 자연수 집합보다 더 크다는 것을 증명했다. 자연수 집합은 셀 수 있는 집합이지만 실수 집합은 셀 수 없는 집합이어서 실수 집합이 자연수 집합과 일대일 대응을 넘어서기 때문이다. 이것은 그 유명한 대각선 논법으로 증명된다. 여기까지는 그의 작업이 수학적으로 엄밀할 뿐만 아니라 아름답기까지 하다는 것을 우리는 인정할 수 있다.

그럼 $\aleph_0$의 셈법부터 간단히 살펴보자. $\aleph_0$에 유한한 수 n을 더한다고 해도 $\aleph_0$과 일대일 대응이 가능하므로 $\aleph_0 + n = \aleph_0$이다. $\aleph_0$에 유한한 수 n을 곱한다 해도 여전히 셀 수 있는 무한이므로 $n\aleph_0 = \aleph_0$이다. 그리고 $\aleph_0$에 $\aleph_0$을 몇 번이라도 곱하더라도 여전히 셀 수 있는 무한이므로 $\aleph_0^n = \aleph_0$이다. 그러나 $\aleph_0$의 모든 부분 집합의 집합은 $2^{\aleph_0}$이고 이것은 실수 집합 c이므로 셀 수 없는 무한이다.

여기서 실수 집합을 실수선을 통해 살펴보자. 실수의 집합 c는 0과 1 사이의 선분, 즉 실수 연속체로 표시될 수 있다. 유리수로는 이 실수선을 가득 채울 수 없다. 따라서 실수선 곳곳에 구멍이 날 수밖에 없다. 무리수를 포함하는 실수만이 0과 1 사이의 실수선을 빠짐없이 다 채울 수 있다. 그런데 이 실수선이 아무리 늘어나도 실수선에 있는 점의 집합은 c로 같다. 더군다나 실수선에 있는 점의 집합은 이 실수선으로 만들어지는 정사각형에 있는 점의 집합과 같을 뿐만 아니라 이 실수선으로 만들어지는 정육면체에 있는 점의 집합과도 c로 같다.

그리고 실수 집합은 자연수 집합보다 크며 자연수 집합에 근거해 $2^{\aleph_0} = c$가 된다. 그러면 정사각형에 있는 점의 집합은 c^2이 된다. 자연수의 집합 $\aleph_0$을 2로 곱한다고 하더라도 $\aleph_0$이므로 $c^2 = cc = 2^{\aleph_0} \cdot 2^{\aleph_0} = 2^{2\aleph_0} = 2^{\aleph_0} = c$ 이다. 정육면체에 있는 점의 집합은 c^3가 된다. $c^3 = ccc = (cc)c = cc = c$이다. 놀랍게도, 실수선의 길이와 실수 연속체의 차원이 커지더라도 실수의 집합은 c로 똑같게 된다.[65]

---

65) 릴리언 R. 리버, 『무한 이야기』, 김소정 옮김, 궁리, 2020, p.157. 『화엄경』「노사나불품」에는 "한 털구멍 속에 무량의 불찰은 … 넉넉하게 안주하네. (一毛孔中 無量佛刹 … 曠然安住)"이나 "한 부처님의 나라로써 시방 채우고 시방세계로써 하나에 들게 해도 또한 나머지 세계가 없도다. (以一佛土滿十方 十方入一亦無餘)"와 같은 구절이 나온다. 이것은 상식적으로 보면 말도 안 되는 허풍이라고 여길 수 있겠지만

하지만 초한기수의 가지런한 무한수열이 성립할 수 있음을 그는 증명하지 못했다. 이 무한수열은 공식 $2^{\aleph_n} = \aleph_{n+1}$로 표현될 수 있다. 예컨대, $\aleph_0$을 이루는 모든 부분집합의 집합은 $2^{\aleph_0}$이며 이것은 $\aleph_1$로 귀결될 수 있다. 과연 $\aleph_0$과 $\aleph_1$ 사이에 아무런 다른 초한기수가 끼어들지 않고 매끄럽게 위의 공식처럼 초한기수의 무한수열이 이어지느냐 하는 의문이 생긴다. 바로 그 유명한 연속체 가설이다. 그런데 유감스럽게도 칸토어는 생전에 이것을 엄밀하게 증명할 수 없었다. 그리하여 20세기 초중반에 이르기까지 연속체 가설을 갖고 수학자들이 혼란스럽게 논쟁했다. 그 결과 괴델은 연속체 가설은 참이라고 증명하는 것은 불가능하다고 증명한 반면에 코헨은 연속체 가설이 거짓이라고 증명하는 것은 불가능하다고 증명했다. 결국 연속체 가설은 시원스럽게 해결되지 못하게 되었다.

칸토어의 집합론에는 연속체 가설만 문제인 건 아니었다. 집합 개념 자체에 대해서도 문제들이 제기되었다. 이 문제들은 집합론에 내재하는 역설인데 대표적인 것으로 러셀의 역설과 부랄리-포르티 역설이 있다.

> 집합 개념과 관련된 역설도 있다. … 그 스스로의 구성요소가 될 수 없는 집합들의 집합을 생각해보자. 이 집합은 그 스스로의 구성요소인가 아닌가? 이 집합은 그 스스로의 구성요소*라면* 그것은 그 집합에 속하는 모든 다른 집합들이 가지고 있는 성질, 즉 그 스스로의 구성요소가 될 수 없는 성질을 갖고 있다는 결론이 나오며 반대로 그 집합이

무한의 세계에서는 얼마든지 가능한 일이며 칸토어의 초한 집합론에서는 수학적으로 증명된다. 그러나 화엄 철학의 이런 설법은 수학의 초한 집합론 차원에서 이해되어야 할 게 아니라 관계적 존재론의 차원에서 이해되어야 할 것이다.

그 스스로의 구성요소가 *아니라면* 그 스스로 그 집합에 속할 수 있는 자격을 부여 받는다. 따라서 그 스스로의 구성요소라는 결론이 나온다. 따라서 그 스스로의 구성요소가 될 수 없는 집합들의 집합은 스스로 구성요소이면서 또 동시에 아니라는 역설이 성립한다(러셀의 역설). … 모든 서수들의 급수에 예컨대 Ω라는 서수가 있다고 할 때 Ω도 포함한 Ω까지의 급수엔 Ω보다 하나 더 많은 서수가 있기 때문에 Ω도 포함한 Ω까지의 급수에 Ω + 1이라는 서수도 있다는 역설(부랄리-포르티 역설) 등이 있다.[66]

러셀의 역설은 프레게의 기호논리학 체계를 좌절시킨 대단한 역설이지만 집합론의 기반도 겨냥하고 있다. 그의 역설은 스스로 면도하지 않는 사람만 면도한다는 이발사의 말로 쉽게 이야기할 수 있을 것 같다. 그러면 이발사는 스스로 면도한다면 스스로 면도할 수 없고 스스로 면도하지 않으면 스스로 면도해야 한다는 역설에 직면하게 된다. 이 역설은 집합론의 심장을 가격하는 역설이지만 그 뒤에 러셀의 유형 이론 등에 의해 역설을 피할 수 있는 방법이 개발되었다. 부랄리-포르티 역설은 모든 순서수의 집합이라는 개념이 모순적임을, 즉 Ω < Ω+1이면서 동시에 Ω+1 < Ω임을 드러내는 역설이다. 이 역설들은 형식적인 공리 연역체계가 얼마나 취약한지를 잘 보여주는 역설이기도 하다.

2) 헤겔과 칸토어

헤겔과 칸토어는 둘 다 독일인이었으며 무한을 향한 열정이 강했다. 게다가 헤겔은 자유를 철학의 원리로 삼았으며 칸토어도 수학의 본질은 자유에 있다고 선언했다. 헤겔은 본래 신학을 전공했

---

66) 수잔 하크, 『논리 철학』, 김효명 옮김, 종로서적, 1984, p.177-p.178.

던 철학자이고 칸토어는 신학과 철학에 관심이 많았던 수학자였다. 그들은 둘 다 실무한을 인정했다. 이런 점에서 그들은 전공 분야가 달랐지만 유사하다. 그러나 헤겔은 무한의 작고 큼은 의미가 없다고 보았는데 반해서 칸토어는 무한의 크기를 분류하는 데 힘을 쏟았다. 칸토어의 이런 노력은 집합론의 형식적인 공리 연역체계로 이어진다.

앞에서 살펴보았듯이, 형식적인 공리 연역체계를 만들려는 시도는 항상 역설에 부딪히기 마련이다. 왜냐하면 형식적인 공리 연역체계는 모순을 애당초 배제해야 하기 때문일 것이다. 그만큼 수학은 모순을 적극적으로 해석할 수 없고 모순에 전전긍긍한다. 이에 반해 헤겔은 존재하는 것은 그 자체로 모순적이라고 봄으로써 모순을 적극적으로 해석하였다. 그리하여 분리성과 연속성을 통일적으로 보는 헤겔의 입장이 모순을 아예 배제함으로써 형식적으로 일관된 체계를 만들려는 수학의 입장보다 우월할 수 있다. 그러므로 무한을 형식적인 체계에 의해 해석하려는 칸토어의 수학적 시도보다는 모순을 두려워하지 않고 품을 줄 아는 헤겔의 철학적 시도가 무한을 개념적으로 파악하는 데 더 의미가 있을 것이다. 무한도 그 자체로 모순적인 개념이므로, 수학적인 접근은 필요하겠지만 충분한 작업은 될 수 없기 때문이다. 칸토어는 상대적 무한은 현실적으로 긍정했지만 절대적 무한은 수학적으로 표현할 수도 인식할 수도 없었다. 이에 반해 헤겔은 절대적 무한까지도 개념적으로 인식하는 데 그 나름대로 성공하였다. 헤겔에게는 관계적 존재론의 배경이 있었기 때문이다.

헤겔과 칸토어 둘 다 실무한을 긍정하였는데 이 점이 매우 중
요하다. 그리고 이러한 긍정에는 서양 철학적인 전통이 깔려있다.
그것은 피타고라스학파의 수 개념과 플라톤의 존재론이다. 헤겔
과 칸토어는 다 같이 피타고라스학파의 수 개념과 플라톤의 존재
론에 영향을 받아 무한을 사유하였다. 플라톤은 『필레보스』에서
유한과 무한 이외의 제3의 존재인 유한과 무한이 혼합된 것을 제
시했다. "우리는 신이 있는 것들(… 인 것들: ta onta)의 한 종류로
한도 지어지지 않은 것(한정되지 않은 것: to apeiron)을, 다른 한
종류로는 한도(한정: to peras)를 제시한 것으로 아마도 말했지. …
이들 둘은 두 종류(eidos)의 것들로 채택하되, 이들 둘이 하나의 것
으로 혼합된 것은 셋째 것으로 채택하세."[67] 그런데 헤겔은 『철학
강요』에서 그것을 언급했으며 칸토어도 유한과 무한 양자를 포함
하는 제3의 류로서 집합을 특징화했다.[68] 이런 점에서 무한에 대
한 그들의 견해는 서양철학의 전통적 존재론에 공통으로 근거하
고 있음을 우리는 알 수 있다.

---

67) 플라톤, 『필레보스』, 박종현 역주, 서광사, 2004, p.114. 아울러 앞의 책, p.119, 주7)
도 참고하라.

68) Petry, M. J.(ed.), *Hegel and Newtonism*, Kluwer Akademic Publishers, 1993, p.151. 피
타고라스학파는 이 세계를 수 형식으로 표현하고 해석하려고 하였다고 보통 알려져
왔다. 그러나 헤겔은 이런 인식은 피타고라스학파에 부당하다고 여겼다. "피타고라
스 학도들이 단일(Monas)과 1(Eins)을 구분했다는 것은 앞의 수 표현들과 관련하여
이미 인용된다. 그들은 단일(Monas)을 사상으로서 간주하지만 1(Eins)을 수로서 간
주한다. 이와 똑같이 그들은 2(Zwei)를 산술적인 것으로, 이원성(Dyas)을 … 한정되
지 않는 것의 사상으로 간주한다. 이 고대인들은 무엇보다도 먼저 수 형식이 사상규
정들에 대해서 불충분함을 아주 올바르게 통찰했다."(G. W. F. Hegel, *Die Lehre vom
Sein*(1832), Felix Meiner Verlag, 1990, p.227)

제**6**장

/

『정신현상학』과
『논리학』의 수학 비판
: 수학과 알고리즘의 한계

헤겔의 수학 비판은 오늘날 우리가 보기에는 낡았을 뿐만 아니라 부적절한 것처럼 보일 수 있다. 오늘날 수학은 정치, 경제, 과학기술 등의 온갖 분야에 널리 쓰이고 있음은 물론 특히 수학에 바탕을 둔 알고리즘은 4차산업혁명의 근간을 이루고 있어서 수학 없이는 세상이 돌아갈 수 없는 지경에 이르렀기 때문이다. 이런 알고리즘에는 빅 데이터를 이용한 약탈적 광고 알고리즘, 대출채권 알고리즘, 신용평가 알고리즘, 보험료책정 알고리즘, 범죄 예방 알고리즘, 마이크로 타기팅 알고리즘, 의료진단 알고리즘, 알파고 알고리즘 등이 있다. 이런 알고리즘들은 효율적이고 유용해서 우리에게 엄청난 혜택을 줄 수도 있다. 그 반면에 수학이 이런 알고리즘들로 오용되거나 남용될 때에는 사회적 약자들을 해치고 경제를 파탄에 이르게 하며 민주주의를 파괴할 수도 있을 것이다.[69)]

---

69) 이에 관해서는 캐시 오닐, 『대량살상 수학 무기』, 김정혜 옮김, 흐름출판, 2017을 참조하라.

이런 맥락에서 수학을 철학적 사변의 입장에서 비판함으로써 수학의 한계를 지적한 헤겔의 작업을 살펴보는 것은 의미가 있을 것이다. 특히 『정신현상학』에서 헤겔은 수학을 모질게 비판하였다. 그 뒤 헤겔은 『논리학』에서도 수학을 비판하긴 했지만 상당히 수학의 성과를 받아들이면서 수학을 비판했다. 그러면 『정신현상학』과 『논리학』에서 드러난 헤겔의 수학 비판을 살펴보자.

1) 『정신현상학』의 수학 비판

헤겔의 『정신현상학』은 정신이 스스로 자기를 인식하고 실현하는 여정을 개념의 운동을 통하여 서술한 텍스트이다. 헤겔의 수학 비판은 이 텍스트의 「서설」에서 나오고 있지만 여기서 그는 수학을 경멸하여 내칠 정도로 모질게 비판하였다. "왜냐하면 … 수학은 개념이 결여된 양이나 크기의 관계를 원리로 하고 죽은 공간이나 수를 소재로 삼기 때문이다."[70]

헤겔은 부정성을 이미 『정신현상학』에서 사유의 원동력으로 간주하였다. 정신은 밋밋하게 자기를 실현하는 게 아니라 부정적인 것인 분열, 죽음, 모순을 외면하지 않고 정면으로 돌파함으로써 자기를 실현해 나간다. "참으로 정신이 힘을 발휘하는 이유는 바로 부정적인 것을 직시하여 그 곁에 머물러 있기 때문이다. 그것을 따돌리지 않고 그 곁에 함께 머무르는 바로 그때, 여기에 부정적인 것이 존재로 전화되게 하는 마력이 생겨나는 것이다."[71]

---

70) 헤겔, 『정신현상학』, 임석진 옮김, 한길사, 2005, p.85.

철학과는 달리 수학은 존재의 생성만 다룰 수 있지 사태의 본질에는 다다르지 못한다. 수학은 양의 크기라는 비본질적인 것을 고찰할 뿐이고 생명적인 것과 정신적인 것은 다루지 않기 때문이다. "개념 없는 차이로서의 크기의 원리와 추상적이고 생명 없는 통일에 지나지 않는 등식의 원리로는 끊임없이 동요하는 생명과 절대적인 차이를 포착할 수 없다. 따라서 수학에서는 생명의 부정적인 힘은 마비된 채 … 외면적인 생명 없는 내용을 들추어낼 뿐이다."72)

그리고 수학의 증명도 사태의 본질을 다루지 못하여 사태를 겉도는 외면적인 행위에 불과하다. 수학의 증명에서는 증명을 통해 결론을 끌어내는 과정은 단순히 수학적 인식을 위한 절차와 수단에 불과해서 수학적 증명과 인식은 외면적인 연관을 띨 수밖에 없기 때문이다.

이와 같이 그는 수학을 야멸치게 비판하였다. 그러나 헤겔의 수학 비판은 철학을 수학의 우위에 두려고 하는 속셈에서 나온 게 아니라 정신의 변증법이라는 그의 입장에서 필연적으로 귀결되는 것이라고 할 수 있겠다. 물론 『정신현상학』에서 헤겔의 수학 비판이 지나친 측면이 있긴 하지만 그렇다고 터무니 없는 건 아니다. 수학적 인식은 몰개념적이고 비본질적이며 정신의 실질적 내용이 결여되어 있다는 그의 관점은 일리가 있기 때문이다. 그의

---

71) 앞의 책, p.71-p72.

72) 앞의 책, p.83.

이런 관점은 『논리학』에도 근본적으로 이어진다.

2) 『논리학』의 수학 비판

수학은 몰관계적이고 몰개념적이어서 생명적인 것, 사상적인 것을 개념적으로 파악할 수 없다는 『정신현상학』의 견해는 『논리학』에서도 근본적으로 지지된다. 그러나 앞에서 살펴보았듯이, 헤겔은 형이상학적 무한보다 수학적 무한을 더 높이 평가하고 수학적 무한에서 참된 무한의 계기를 엿보았다. 그런 점에서 그는 『논리학』에서 그 당시의 수학적 성과를 적극적으로 받아들여 참된 무한의 개념을 구성했던 것 같다. 단지 그는 불가통약적 관계인 $\frac{dy}{dx}$가 수학적으로 정당화될 수는 없고 철학적으로만 정당화된다고 보았을 뿐이다.

1832년에 출판되었던 『논리학』에서는 수학에 관한 논의가 거의 반을 차지할 정도로 수학이 비중 있게 다루어진다. 그렇지만 거기에서도 상징과 개념, 자연과 정신의 위계질서에 따라 수학적 인식은 개념적 인식보다 낮은 단계의 인식으로 비하된다. 이러한 비하는 전적으로 타당하다고 할 수는 없지만 수학의 한계를 지적한 것이라고 할 수 있다. 그리하여 사태에 외면적인 계산과 몰개념적인 증명에 치중하도록 하는 수학적 사유의 형식주의적 성격이 수학의 한계라고 『논리학』에서 여러 차례 강조된다. 그러면 수학적 사유를 전반적으로 논의하고 있는 『논리학』의 「인식의 이념」 장을 살펴보자.

절대이념의 가까이에 '참된 것의 이념'이 놓여 있고 여기에서 분석적 인식과 종합적 인식이라는 수학적 사유가 고찰되고 있다. 대략, 산술학은 분석적 인식에 해당하고 기하학은 종합적 인식에 해당하며 대수학은 분석적 인식과 종합적 인식에 걸쳐 있다.

분석적 인식은 일(一)이라는 추상적이고 똑같은 단위 사이의 기계적인 결합과 분리의 계산으로 귀착된다. 칸트는 『순수이성비판』에서 5+7=12라는 덧셈을 종합적인 것이라고 주장했다. 이에 반해 헤겔은 그것은 동일적인 것과 동어반복적인 것(12=12)을 의미하므로 분석적인 것에 불과하다고 비판하였다.

> 칸트는 5+7=12라는 명제를 *종합적* 명제로 선언하긴 했다. … 하지만 분석적인 것은 12=12라는 전적으로 추상적인 동일적인 것과 동어반복적인 것을 의미해서는 안 되며 이것에서 어떤 진행이어야 한다면 어떠한 구별이 현존하지 않으면 안 된다. 그렇지만 이때의 구별은 어떠한 질에도, 반성의 어떠한 규정에도, 더군다나 어떠한 개념의 규정성에도 근거하지 않는 그런 것이다.[73]

그러므로 5+7=12라는 명제는 덧셈의 계산에 불과하다. 그리고 이러한 계산은 아무런 증명도 필요 없는 외면적이고 몰개념적인 작업일 뿐이다. 그렇기 때문에 그런 계산은 기계적으로 처리될 수 있을 뿐이지 결코 인간의 정신이 수행하는 사유작업일 수는 없다.

그리하여 분석적 인식은 동등성을 벗어나지 못한다. 이에 반해 종합적 인식은 정의와 공리에 근거하여 정리를 증명하는 추론을 지향함으로써 그 계기들의 긍정적 통일이 이루어질 수 있다. "분

---

73) G. W. F., Hegel, *Wissenschft der Logik* II, Felix Meiner Verlag, 1975, p.447.

석적 인식은 존재하는 것의 *파악*일 뿐이지만 종합적 인식은 존재하는 것의 개념적 파악, 즉 규정들의 다양성을 그것들의 통일성에서 파악하는 것을 지향한다."[74] 그러므로 종합적인 인식에서는 공리에 근거해서 이 정리들을 증명하는 공리 연역의 추론이 성립한다.

유클리드의 기하학이 바로 그런 모범적 사례다. 그것은 23개의 정의와 10개의 공리[75]에 근거해 465개의 기하학적 명제를 증명하는 체계로 구성되어 있다. 그런데 자명한 진리로서 아무런 증명도 필요 없는 전제인 기하학의 공리는 어떻게 성립하는가? 헤겔은 기하학의 공리는 그 자체로 성립할 수 없고 논리학으로부터 나왔다고 비판하였다. "공리들은 마치 애당초 아무런 증명도 필요 없는 것처럼 절대적 단초로서 부당하게 보통 간주되곤 한다. … 그러나 공리들이 동어반복 이상의 것이라면 그것들은 *어떠한 다른 학문*에서 나온 명제들이다. … 그러므로 공리들은 본래 *정리*이며 대부분 논리학으로부터 나왔다."[76] 따라서 기하학의 공리들은 절대적인 단초가 아니라 상대적으로 최초의 것으로서 전제된다고 할 수 있을 것이다.

게다가 유클리드 기하학에서 공리로부터 연역되는 과정도 형식적 일관성에 바탕을 두고 있다. 이러한 형식적 일관성은 합목적성

---

74) 앞의 책, p.450.

75) 정확하게 말하자면 5개의 공리와 5개의 공준이다. 그러나 공리와 공준을 같은 뜻을 지닌 용어로 현대의 많은 학자들은 사용하고 있다. 스티븐 F. 바커, 『수리철학』, 이종권 옮김, 종로서적, 1983, p.35를 참고하라.

76) G. W. F., Hegel, *Wissenschft der Logik* II, Felix Meiner Verlag, 1975, p.466.

을 향한 정리들의 외적인 배열로 이어질 뿐 개념의 운동이나 이념의 본질적인 관계와는 거리가 멀다. 그뿐만 아니라 기하학의 대상인 공간도 추상적인 대상이긴 하지만 감성적인 직관에 바탕을 두고 있기 때문에 몰개념적이다. 따라서 "기하학은 양에 따라 비교되고 그 통일도 외면적인 것, 즉 *동등성*인 *유한자*의 단순한 학문에 지나지 않는다."[77]

종합적인 인식은 분석적 인식과는 달리 정의와 공리에 근거해 정리를 증명함으로써 그 계기들의 긍정적 통일이 이루어지고 개념과 실재성의 통일을 일단 확보하기 한다. 그러나 기하학은 양적인 규정만을 다루므로 도형들의 비교에서 필연적으로 생기는 무한성, 질적인 부등성과 불가통약성을 제대로 다룰 수 없다. 그리하여 종합적 인식은 증명의 필연성에 매여 있을 뿐만 아니라 통약 불가능한 양적 규정과 질적 규정의 부정적 통일을 이루지 못한다. 그런 일은 대립적인 것을 관통하는 개념의 운동을 통해서만 수행될 수 있을 뿐이다. 그렇기 때문에 기하학은 철학의 원리인 무한하고 자유로운 개념에 도달할 수 없다. "종합적인 것의 필연성과 매개는 더 이상 긍정적인 동일성에만 근거하고 있는 게 아니라 부정적인 동일성에 근거하고 있으므로 유한한 학문은 여기서 한계에 봉착하고 만다."[78]

앞에서 보았다시피, 헤겔의 『논리학』은 상징과 개념, 계산과 사

---

77) 앞의 책, p.472.

78) 앞의 책, p.473.

유, 철학과 수학 등의 위계질서를 확실히 상정하고 있는 듯하다. 이러한 위계질서가 타당한 위계질서라고 오늘날 우리는 받아들일 수 없다. 그러나 수학이 그 자체로 무한성의 의미를 포착할 수 없다는 것이 수학의 한계라고 지적한 헤겔의 수학 비판은 일리가 있다고 우리는 받아들일 수 있다. 물론 철학에도 한계가 분명히 있지만 형이상학을 본령으로 삼고 있는 철학만이 무한성의 의미를 개념적으로 파악할 수 있는 학문이 아닐까.

3) 수학과 알고리즘의 한계

수학도 형이상학으로부터 영향을 받을 수 있다. 오늘날 추상대수학이 그렇고 무한집합론이나 미적분학도 그렇다. 그렇다고 해서 수학이 형이상학이 될 수 있는 게 아니기 때문에 수학은 무한에 관해서 필연적으로 한계가 있다. 20세기 초 수학자 힐베르트는 "어느 누구도 칸토어가 우리를 위해 창조한 낙원에서 우리를 몰아내지는 못할 것이다."[79]라고 자신 있게 외쳤다. 그러나 1세기도 지나지 않아 수학자 이언 스튜어트는 "우리가 수학적 진리와 확실성에 대해 생각하는 방식이 완전히 달라지고 말았다. 바보의 낙원에서 살기보다는 우리의 한계를 아는 편이 낫다."[80]라고 토로하였다. 칸토어가 만든 무한의 낙원은 이제 수학적으로 더 이상

---

79) 포올 베네세랖 & 힐러리 퍼트남 편, 『수학의 철학』, 박세희 옮김, 아카넷, 2002, p.294.

80) 이언 스튜어트, 『수학사 강의』, 노태복 옮김, 반니, 2017, p.381.

유지될 수 없게 된 셈이다.

　오늘날 수학은 4차산업혁명의 근간이 될 정도로 중요해졌을 뿐만 아니라 우리의 일상생활을 온통 지탱하고 있다고 해도 과언이 아니다. 우리가 아침에 일어나서 제일 먼저 챙기는 물건인 휴대전화도 수학이 없으면 작동될 수 없고 우리가 매일 출근할 때 타는 지하철이나 자동차도 마찬가지고 더 나아가 일상생활의 만사가 그렇다고 할 수 있다. 이러다 보니 수학이 만병통치약이 된 것 같다. 그러나 이에 따라 수학이 오용되고 남용되는 일도 빈번해졌다. 아니 우리의 일상생활을 위협할 수 있는 무서운 무기가 되어 버렸다. 왜냐하면 수학은 알고리즘으로 되살아나서 정치적으로나 경제적으로나 사회적으로 문제를 일으킬 수 있기 때문이다.

　자명한 제1 명제인 공리로부터 정리들을 도출해내는 수학의 형식적 추론과 수학적 연산은 몰개념적일 뿐만 아니라 정신의 실질적 내용이 결여되어 몰사상적이라고 헤겔은 비판하였다. 그의 비판이 좀 지나친 측면이 있긴 하지만 수학의 한계를 잘 지적한 것으로 생각된다. 무한의 경우에는, 수학의 형식적 추론과 수학적 연산에 의해 처리된 무한이 과연 무슨 의미가 있겠는가 라고 우리는 물을 수 있기 때문이다.

　한때 변증법이 만병통치약처럼 행세하던 시절이 있었다. 이제 그 자리를 수학과 알고리즘이 대신하고 있다. 그래서 알고리즘을 개발하는 수학자 캐시 오닐은 수학은 사태를 해석할 능력이 없으며 도덕적 상상력과 공정성이 결여되어 있다고 비판하였을 뿐만 아니라 심지어 그것이 대량살상무기까지 될 수 있다고 경고하였다. 따라서 "효율성을 희생시키는 한이 있더라도 알고리즘에 인간적인 가치를 반영할 필요가 있다. … 수학모형은 우리의 도구여야지 우리의 주인이 되어서는 안 된다."[81] 이런 맥락에서 무한집합의 크기를 비교하고 계산하는 작업이 중요한 게 아니라 무한이 과연 우리에게 무슨 의미가 있는지를 탐구하는 게 중요하지 않을까.

---

81) 캐시 오닐, 『대량살상 수학 무기』, 김정혜 옮김, 흐름출판, 2017, p.342.

제**7**장

/

장자의 철학과 화엄 철학에 나타난 무한 개념

앞에서 살펴보았듯이, 서양에서는 일찍이 고대 그리스 시대에 무한의 문제가 제논에 의해 제기되었으나 무한 개념은 기피되었다. 고대 그리스 문화는 무한과 같은 무한정한 개념을 싫어했기 때문이다. 그리하여 아리스토텔레스는 무한 문제를 해결하기 위하여 무한을 가무한과 실무한으로 나누어 가무한만 인정했다. 즉 그는 현실적으로 무한은 존재할 수 없다고 주장한 셈이다. 그 뒤 거의 2천 년 동안 무한을 향한 열정은 잠들고 말았다. 그러나 서양 근대에 이르러 무한을 향한 열정은 무한의 수학인 미적분학을 통하여 다시 깨어났고 무한 개념에 관한 논의가 활성화되었다. 19세기 초에는 헤겔이 무한 개념을 논리적으로 분석하였고 19세기 말에는 칸토어가 초한 집합론으로 무한을 수학적으로 처리하였다. 20세기 이후 많은 철학자 및 수학자들이 무한의 문제를 다루었지만 여전히 시원스럽게 해결되지 않은 채 수수께끼로 남아 있다.

동양에서는 서양과는 달리 무한 개념이 금기시되지 않았지만 무한 논의가 서양만큼 활성화된 적은 없다. 헤겔 철학에서처럼 무한 개념이 논리적으로 분석되지도 않았고 칸토어의 집합론에서처럼 수학적으로 처리된 적도 없다. 기껏해야 장자의 철학과 화엄철학에서 무한 개념이 다루어졌지만 그것도 무한 자체의 논의라기보다는 정신적 자유나 깨달음과 관련하여 무한 개념이 직관적으로 언급되었을 뿐이다.

1) 장자의 철학과 무한

『장자』는 「내편」, 「외편」, 「잡편」으로 이루어진 텍스트이다. 「내편」만이 장자가 손수 쓴 작품이라고 보통 인정되고 있다. 장자 철학의 핵심인 만물제동(萬物齊同, 만물은 모두 다 평등하다)의 사상은 주로 「내편」의 우화를 통하여 제시된다. 무한도 이 만물제동 사상의 바탕 위에서 언급되므로 「내편」을 중심으로 무한에 대한 그의 견해를 살펴보자.

「내편」의 「소요유(逍遙遊)」 서두에서는 물고기 곤(鯤)과 새 붕(鵬)의 우화가 소개되어 있다. 북녘 바다에 사는 곤은 몇천 리나 되는 물고기지만 새로 변하여 붕이 되면 남쪽 바다로 날아간다. 몇천 리나 되는 붕이 남쪽 바다로 날아갈 때는 3천 리의 파도를 일으키고 바람을 타면 하늘 9만 리까지 높이 날아오른다. 이런 황당한 이야기가 「내편」의 서두에 소개되어 있는데 왜 그럴까? 여러 가지로 추측할 수 있겠지만, 그가 우리의 일상적 경험과 식견의 보잘것없음을 드러내어 정신적 자유와 무한으로 나아갈 수 있는 길을 암시하려고 했던 것이 아닐까 생각된다.

곤과 붕의 우화를 들은 매미와 비둘기는 붕새의 비상을 터무니없고 공연한 짓이라고 비웃는다. 이 날짐승들은 겨우 숲속에서 날아다닐 수 있는 좁은 경험에 얽매여 붕새의 비상을 판단하기 때문이다. "교외의 들판에 나가는 사람은 세 끼니의 식사만으로 돌아와도 아직 배가 부르지만 백 리 길을 가는 사람은 석 달 동안 식량을 모아야 한다. 그러니 이 조그만 날짐승들이 또한 어떻게 붕새의 비상을 알랴. 작은 지혜는 큰 지혜에 미치지 못한다."(『장자』 「소요유」)[82] 이렇게 우리의 좁은 식견과 경험이 일단 해체된 뒤에야 비로소 만물제동의 무한한 경지에 들어설 수 있는 법이다.

우리는 인간의 몸으로 살아가면서 인간의 관점으로 세상을 판단한다. 그러나 그것은 인간 중심적 편견에 불과하다. 이런 편견도 매미와 비둘기의 편견과 마찬가지 아니겠는가. 따라서 우리는 이런 편견을 넘어서야 우리는 만물제동의 무한한 경지에서 자유롭게 노닐 수 있을 것이다.

사람은 습한 데서 자면 허리 병이 생겨 반신불수로 죽지만 미꾸라지도 그렇던가? 사람은 나무 위에 있으면 떨고 무서워하지만 원숭이도 그렇던가? 이 셋 중 어느 쪽이 진짜 거처를 알고 있는 걸까? 또 사람은 소, 돼지 따위의 가축을 먹고, 순록은 풀을 먹으며, 지네는 뱀 먹기를 좋아하고, 올빼미는 쥐를 먹기 좋아한다. 이 넷 중 어느 쪽이 진짜 맛을 알고 있다 하겠는가? 암컷 원숭이는 긴팔원숭이가 짝으로 삼고, 순록은 사슴과 교배하며, 미꾸라지는 물고기와 논다. 모장이나 여희는 사람마다 미인이라고 하지만, 물고기는 그녀를 보면 물 속 깊이 숨고, 새가 그녈 보면 하늘 높이 날아오르며, 순록은 그녈 보면 힘껏 달아난다. 이 넷 중 어느 쪽이 이 세상의 진짜 아름다움을 알고 있을까? (『장자』 「제물론」)

---

82) 장자, 『장자』, 안동림 역주, 현암사, 2015에서 인용하였는데 조금 고쳤다. 이하의 『장자』 인용도 마찬가지다.

우리가 일상생활에서 흔히 품고 있는 가치 기준이나 취향이 인간을 벗어나면 성립할 수 없고 인간 중심적 편견에 불과함을 이 우화는 잘 말해주고 있다. 이런 편견은 미추, 대소, 귀천, 시비, 득실, 생사의 상대적 차별과 대립을 낳는다. 우리가 이런 차별과 대립에 빠져 살아간다면 우리는 자유롭지도 못하고 무한한 경지를 맛볼 수도 없다. 따라서 이러한 상대적 차별과 대립을 초월해서 만물제동의 무한하고 절대적인 경지로 날아올라야 비로소 세속의 속박을 벗어나 자유로울 수 있다고 장자는 역설하였다. 이런 점에서 장자의 철학은 무한을 향한 열정으로 가득한 철학이라고 할 수 있을 것이다.

인간은 시간적으로나 공간적으로 제약되어 있는 존재다. 그러나 인간이 사는 우주는 시간적으로나 공간적으로 무한하다고 장자는 여겼다. "실제로 있으면서도 머무는 곳이 없는 것이 우(宇)이고 길이가 있으면서도 시작도 끝도 없는 것이 주(宙)다."(『장자』 「경상초」) 장자에 따르면, 상대적 차별과 대립 속에 사는 유한한 인간이 무한한 우주에서 절대적 자유를 누리려면, 무위자연의 도를 통하여 만물과 하나가 되는 만물제동의 경지에 도달하는 길밖에 없다. 이런 점에서 우리가 무한에 도달하는 길은 논리적으로 무한의 개념을 파악한다든지 수학적으로 계산해서 가능한 일이 아니다. 그 길은 직관적 통찰과 수행을 통해 가능한 일이다.

『장자』에는 무한대나 무한소와 함께 무한누진의 개념에 상응하는 개념도 등장한다. 서양의 무한대와 무한소 개념에 꼭 들어맞는 것은 아니지만 대일(大一)과 소일(小一)이라는 개념이 『장자』에도 등장한다. "지극히 커서 더 이상 그 외부라는 것이 없는 공간이 대일이라 한다. 지극히 작아서 더 이상 그 내부라는 것이 없는 극미를 소일이라 한다."(『장자』 「천하」)

그리고 무한누진의 개념은 뚜렷하게 나타나 있다. "시작이 있으면 그 앞에 「아직 시작되지 않음」이 있고, 또 그 앞에 「아직 시작되지 않음의 이전」이 있다. 「있다」가 있고 「없다」가 있으면, 그 앞에 「있다 없다의 이전」이 있고, 또 그 앞에 「있다 없다의 이전의 이전」이 있다."(『장자』 「제물론」) 이는 끝없이 이어져서 완결될 수 없는 무한, 즉 무한누진을 의미한다. 이것은 시간적인 가무한이라고 할 수 있는데 수를 세는 데에서도 가무한이 나타난다. "대상으로서의 1과 그것을 표현한 말로써 2가 되고 그 2와 본래 분리되기 전의 1과 합쳐서 3이 된다. 그 이후 「수의 증가」는 셈의 명수도 헤아릴 수 없다. … 하물며 유에서 유로 나아갈 때는 한이 없음은 말할 나위가 없다."(『장자』 「제물론」)

이와 같이 끝없이 나아가서는 상대적 차별의 세계에 머물 뿐 결코 무한한 경지에 도달할 수는 없다. 무한한 경지에 도달하기 위해서는 일단 나아감을 그치고 도약하여야 한다. 그러고 나서 우리가 무위자연의 도를 통해 인간적 제약을 돌파하고 상대적 차별을 초월하여야 참된 무한에 도달할 수 있으리라.

2) 화엄 철학에 나타난 무한

아리스토텔레스의 가무한과 실무한, 헤겔의 악무한과 참된 무한의 구별을 동양철학에 그대로 적용하는 것은 무리이겠지만, 동양철학에서도 실무한이나 참된 무한을 지향한다고 볼 수 있다. 동양철학에서는 무한 개념을 논리적으로 분석하고 수학적으로 처리하지 않았기 때문에 무한 개념이 모호할 수밖에 없을 것이다. 그렇지만 직관적 통찰에 의해 파악된 동양철학의 무한 개념은 전체와 부분이 같을 수 있다는 헤겔과 칸토어의 견해와 일맥상통한다. 이것을 잘 보여주는 동양철학이 화엄 철학이다. 화엄 철학은『헤겔, 역과 화엄을 만나다』(2013)에서 이미 다루었지만 여기서는 무한에 초점을 두어서 살펴보자.

법장은『화엄오교장』에서 스승인 지엄의 십현연기(十玄緣起, 연기를 드러내는 열 개의 문)를 이어받아 인다라망 경계문을 설법하였다. 거기서 그는 인다라망이 중중무진(重重無盡) 법계를 비유하고 있음을 지적하였다. 인다라망이란 불법의 수호신인 제석천의 궁전을 둘러싸고 있는 그물이다. 이 그물에는 구슬들이 줄줄이 달려 있다. 그리고 이 구슬들은 서로 비추고 비치어 서로 하나되기도 하고 서로 들어가는데 이와 같은 작용이 겹치고 겹쳐서 다함이 없다고 하였다.[83]

물론 인다라망의 이러한 중중무진은『화엄경』에 근거하고 있다고 법장은 보았다. 그리하여 그는『화엄경』「십지품」에 나오는 게

---

[83]『탐현기』에서 인다라망의 중중무진은 좀 더 명확하게 드러난다.

송을 『화엄오교장』에서는 다음과 같이 인용하고 있다.

하나의 아주 작은 티끌 가운데	於一微塵中
나유타의 한량없고 끝이 없는	各示那由他
부처님들 그 가운데 늘 계시어	無數億諸佛
법 설하심 각각 나투어 보이네.	於中而說法
하나의 작은 티끌 가운데	於一微塵中
한량없는 부처님 나라와 수미산	現無量佛國
금강위산을 나타내 보인다 해도	須彌金剛圍
세간은 비좁지 않네	世間不迫窄
하나의 아주 작은 티끌 가운데	於一微塵中
삼악도와 하늘, 인간의 무리	現有三惡道
아수라가 있음을 모두 보나니	天人阿修羅
그들은 각기 업의 보를 받도다.	各各受果報[84]

이 세 게송은 각각 지정각세간(智正覺世間, 지혜롭고 바른 깨달음의 세계), 기세간(器世間, 허공과 지, 수, 화, 풍의 사대 [四大], 산천초목 등 모든 생명의 그릇이 되는 자연적 세계), 중생세간(衆生世間, 인간을 포함한 일체의 생명이 모인 세계)에서 일어나는 상즉상입(相卽相入)을 뜻한다. 이 게송들은 세 가지 세간의 차원 각각에서 온 세상이 하나의 미세한 티끌에 다 들어가도 비좁지 않음을 말하고 있는데 부분이 전체와 같을 수 있다는 헤겔과 칸

---

84) 법장, 『화엄오교장』, 대한불교조계종역경위원회 옮김, 조계종출판사, 2001, p.642-p.644.

토어의 사고방식과 일맥상통한다고 할 수 있을 것이다.

법장은 인다라망에 달린 구슬들이 중중무진하게 서로 비추고 비친다는 설법을 하였지만 중중무진은 무한누진에 불과한 게 아닌가 생각된다. 오히려 법장의 사형인 의상이 「법성게」와 「수전법」에서 관계적 존재론을 더 잘 드러내고 있다. 그의 「법성게」와 「수전법」에서는 실무한적 사고방식이 명백하게 드러나기 때문이다. 「수전법(數錢法, 동전 세는 법)」은 10개의 동전을 세는 행위에 비겨서 연기 사상을 설명하는 방편이다. 열 개의 동전 가운데 첫 번째 동전은 하나이고 본수(本數, 수를 셀 때 기본이 되는 수)이며 열 번째 동전은 무량, 즉 무한을 의미한다. 그리고 그것은 중문(中門)의 포섭적 관계와 즉문(卽門)의 환원적 관계로 나뉜다. 중문은 일중십, 십중일(一中十, 十中一, 하나가 무한을 머금고 무한이 하나를 머금는다)의 문인데 유한과 무한의 포섭적 관계를 의미한다. 그리고 즉문은 일즉십, 십즉일(一卽十, 十卽一, 하나가 곧 무한이고 무한이 곧 하나다)의 문인데 유한과 무한의 환원적 관계를 의미한다.[85] 여기서는 무한을 단일한 개체로 묶어 유한과 맞장 뜨는 것으로서 취급한다. 따라서 의상의 화엄 철학은 실무한적 사고방식을 잘 드러낸다고 할 수 있을 것이다.

---

85) 의상, 『화엄 I』, 해주 역주, 대한불교조계종, 2010, p.153. 의상의 수전법에 관해서는 조홍길, 『헤겔, 역과 화엄을 만나다』, 한국학술정보, 2013, p.190 이하를 참고하라.

아리스토텔레스는 가무한과 실무한을 구분함으로써 사실상 무한의 현존을 거부했다. 그의 이런 견해는 무한에 대한 탐구를 방해하는 악영향을 그의 사후 2,000년 동안 서양철학과 서양문화에 끼쳤다.

무한에 대한 그의 견해는 얼핏 보면 우리의 상식과 경험과 부합하는 듯이 보인다. 그래서 철학자들은 물론 수학자들 가운데서도, 19세기의 헤겔 관념론이나 칸토어의 집합론에도 불구하고 아직도 실무한을 받아들이지 못하는 사람들이 많이 있다. 유한한 세계에 사는 사람들은 무한의 현존을 현실적으로 인정하기 어렵기 때문이리라. 실무한 개념이 철학적으로 의미가 있고 수학적으로 유용하다고 하더라도 우리의 상식과 경험은 현실적인 무한이 불가능함을 이야기하고 있다. "무한은 그 특성상 관찰, 경험, 상식 등을 벗어나 있습니다. 따라서 무한의 이론은 자유로운 수학적 상상의 결과입니다. 무한은 유한에서 유효한 과정을 계속 반복함으로써 낳을 수 있는 것이 아닙니다."86)

수학에서보다 덜 하겠지만 철학에서도 줄곧 무한 개념은 현실적으로 인정받지 못하다가 스피노자에 의해 암시되고 그 뒤 헤겔에 의해 가까스로 개념적으로 파악되었을 뿐이다. 그러나 헤겔의 무한 개념도 그의 모순 개념 만큼이나 논란거리가 되었다. 그는 아리스토텔레스의 가무한을 악무한의 일종으로, 즉 지성(Verstand)의 무한 내지는 상상의 무한으로 간주하였던 반면에 실무한을 참된 무한으로, 즉 이성(Vernunft)의 무한 내지는 사유의 무한으로 간주하였다. 그렇게 함으로써 그는 무한 개념이 모순적이고 관념적인(ideal) 것이라고 하더라도 무한이 현실적으로 존재한다고 여겼다.87)

그런데 실무한에 대한 헤겔과 칸토어의 사상은 서양 사상사에서 느닷없이 불쑥 솟아난 것이 아니다. 그들의 그런 사상은 피타고라스학파의 수 개념과 플라톤의 존재론과 연결되어 있다. 그런 점에서 그것은 서양철학의 전통을 계승하고 있다고 말할 수 있을 것이다. 앞에서 언급했듯이, 플라톤은 피타고라스학파처럼 존재하는 것을 유한과 무한의 두 부류 이외에도 세 번째 부류로 유한과 무한이 혼합된 것이 있다고 보았다. 헤겔은 유한과 무한의 통

---

86) 신기철 & 신현용, 『무한: 수학적 상상』, 매디자인, 2019, p.304.

87) 중국의 수학자들이 변증법적 유물론에 입각해 무한 개념은 모순적이고 관념적인 것이므로 무한은 현실적으로 존재하지 않는다고 주장했다. 게다가 그들은 헤겔의 참된 무한이 실무한과 다른 것이라고 주장하기도 하였다. 그러나 그들의 주장은 헤겔의 무한 개념을 면밀하게 검토하지 않은 결과인 것 같다. Zhang Hong & Zhuang Yan, "Philosophical Infinity and Mathematical Infinity", *Philosophy of Mathematics Education Journal*, Issue 35, 2019를 참고하라.

일을 이 세 번째 부류에 해당하는 것으로 여겼다. 그리고 칸토어도 이 부류에 근거해 집합이라는 수학적 개념을 만들었다.

여기에서 한 걸음 더 나아가, 헤겔의 유한과 무한의 변증법은 물론 칸토어의 초한 집합론도 관계적 존재론이라는 더욱 넓은 사유 지평에서 본다면 그것들이 서로 만날 수 있을 뿐만 아니라 동서사상의 만남도 꾀할 수 있을 것이다. 이렇게 본다면 유한과 무한이 온통 뒤섞여서 어우러져 있는 진흙탕의 이 세상에서 우리가 나뒹굴며 살고 있다는 화엄의 설법과도 그것들이 일맥상통하지 않을까 하는 생각이 든다. 더 나아가서 무한과 유한을 떡 주무르듯이 다루는 화엄 철학이야말로 동양철학에서는 유일하게 헤겔의 유한과 무한의 변증법과 칸토어의 초한 집합론에 맞먹는 사상이리라. 이런 점에서 화엄 철학의 관계적 존재론은 21세기에 동서사상이 만나는 교두보가 될 수 있을 것이다.

동양철학에는 서양철학만큼 무한에 대한 탐구가 치열하지 못했다. 화엄 철학을 제외하면 『장자』의 무한에 대한 언급 정도가 무한에 대한 탐구였다고 할 수 있기 때문이다. 또한 동양에서는 무한을 향한 열정이 서양보다 부족했다. 아마도 무한이란 기독교적인 전통과 관련이 있으리라. 헤겔은 본래 신학을 전공한 철학자였으며 칸토어는 수학을 전공했지만 신학과 철학에 관심이 많은 수학자였다. 절대자인 신은 그들에게는 절대적 무한으로서 사유되지 않았나 생각된다. 신에 가까이 다가서려는 그들의 열정이 무한을 향한 열정으로 나타났을 것이다.

우리는 무한을 용이나 도깨비 같은 개념과 유사하다고 생각하기 쉽다. 그러나 용이나 도깨비 같은 개념은 그냥 허구의 개념일 뿐이다. 그것은 우리가 상상할 수 있을 뿐 현실적으로 존재하지 않는다. 그러나 유한과 무한은 서로 대립하고 있는 사유규정으로서 현실적으로 존재하는 개념이다.

우리는 유한한 세상에서 유한한 삶을 살아가다 보니까 무한은 유한의 피안에 유한으로부터 아스라이 멀리 떨어져 있는 것으로 마냥 생각하기 쉽다. 어떻게 무한이 현실적으로 존재할 수 있을까 하는 의구심에 사로잡혀 우리는 살아간다. 그러나 유한과 무한은 서로 대립하고 있는 사유규정이므로 유한이 없으면 무한도 없고 거꾸로 무한이 없으면 유한도 없다. 다시 말해 유한이 있으면 무한이 있고 무한이 있으면 유한이 있는 셈이다. 그리고 무한의 문제는 우리가 관찰하고 경험할 수 있는 대상이 아니라 우리 정신세계의 문제인 것 같다. 그러므로 우리는 우리의 정신세계에서 유한과 무한이 뒤섞인 세상에 살아가고 있는 셈이다.

그렇다면 우리가 유한한 삶 속에서 일상의 자잘한 재미에만 빠져 무한을 보지 못하고 살아간다면 이는 유한의 감옥에 갇힌 답답한 삶이 아닐까. 이렇게 생각한다면 유한과 무한이 뒤섞이고 어우러져 있는 이 세상에서 유한한 삶을 무한하게 살아보는 것도 참으로 뜻깊은 일이 아닐 수 없을 것이다. 더군다나 우리가 그렇게 살 수 있다면 하찮은 일상생활도 무한을 체험할 수 있는 의미 있는 순간과 공간일 수 있을 것이다. 바로 그런 길을 헤겔과 칸토어는 학문적 체계를 통하여 제시했다면 장자의 철학과 화엄 철학은 우화와 설법의 깨달음을 통하여 열어주었다.

참고문헌

갈릴레이, 갈릴레오, 『새로운 두 과학』, 이무현 옮김, 사이언스북스, 2016.

뉴턴, 아이작, 『프린키피아』, 이무현 역, 교우사, 2001.

도밍고스, 페드로, 『마스터 알고리즘』, 강형진 옮김, 비즈니스북스, 2015.

러셀, 버트런드, 『수리철학의 기초』, 임정대 옮김, 경문사, 2002.

리버, 릴리언 R., 『무한 이야기』, 김소정 옮김, 궁리, 2020.

맥코믹, 존, 『미래를 바꾼 아홉 가지 알고리즘』, 민병교 옮김, 에이콘, 2013.

플로디노프, 레오나르도, 『유클리드의 창』, 전대호 옮김, 까치, 2009.

바커, 스티븐 F., 『수리철학』, 이종권, 종로서적, 1983.

반트슈나이더, 디터, 『변증법적 이론의 근본구조』, 이재성 옮김, 다산글방, 2002.

배로, 존, 『무한으로 가는 안내서』, 전대호 옮김, 해나무, 2011.

법장, 『화엄오교장』, 대한불교조계종역경위원회 옮김, 조계종출판사, 2001.

베네세렆, 포올 & 퍼트남, 힐러리 편, 『수학의 철학』, 박세희 옮김, 아카넷, 2002.

스튜어트, 이언, 『세계를 바꾼 17가지 방정식』, 김지선 옮김, 사이언스북스, 2016.

스튜어트, 이언, 『수학사 강의』, 노태복 옮김, 반니, 2017.

스튜어트, 제임스, 『미적분학』, 미적분학교재편찬위원회역, 북스힐, 2017.

스피노자, 『스피노자 서간집』, 이근세 옮김, 아카넷, 2018.

신기철 & 신현용, 『무한: 수학적 상상』, 매디자인, 2019.

아다치 노리오, 『무한의 끝에 무엇이 있을까?』, 이인호 옮김, 프리랙, 2018.

아리스토텔레스, 『형이상학』, 조재호 옮김, 길, 2017.

아퀴나스, 토마스, 『신학대전 1』, 정의채 역, 바오로딸, 2008.

액젤, 애머, 『무한의 신비』, 신현용 외 옮김, 숭산, 2002.

유클리드, 『기하학원론: 평면 기하』, 이무현 역, 교우사, 1998.

오닐, 캐시, 『대량살상 수학 무기』, 김정혜 옮김, 흐름출판, 2017.

응, 에널린·수, 케네스, 『데이터 과학과 알고리즘』, 최광민 옮김, 에이콘, 2018.

의상, 『화엄 I』, 해주 역주, 대한불교조계종, 2010.

장자, 『莊子』, 안동림 역주, 현암사, 2010.

조홍길, 『헤겔, 역과 화엄을 만나다』, 한국학술정보, 2013.

칸트, I, 『순수이성비판』, 최재희 역, 박영사, 2001, p.351.

플라톤, 『플라톤의 다섯 대화편』 천병희 옮김, 숲, 2016.

플라톤, 『필레보스』, 박종현 역주, 서광사, 2004.

하크, 수잔, 『논리 철학』, 김효명 옮김, 종로서적, 1984.

헤겔, 『정신현상학』1·2, 임석진 옮김, 한길사, 2005.

헤겔, 『철학사 I』, 임석진 역, 지식산업사, 1996.

홀트, 짐, 『아인슈타인이 괴델과 함께 걸을 때』, 노태복 옮김, 소소의 책, 2020.

カントル, G., 『超限集合論』, 功力金二郎 & 村田全 譯·解說, 共立出版株式會社, 1979.

Aristotle, *Physics*, Trans. R. Waterfield, Oxford University Press, 2008.

Burbidge, J. W., *The Logic of Hegel's Logic*, broadview press, 2006.

Euklid, *Elements*, T. L. Heath(trans.), Green Lion Press, 2003.

Hegel, G. W. F., *Die Lehre vom Sein*(1832), Felix Meiner Verlag, 1990.

Hegel, G. W. F., *Enzyklopädie der philosophischen Wissenschaften*, Felix Meiner Verlag, 1975.

Hegel, G. W. F., *Jenenser Logik, Metaphysik und Naturphilosophie*, Felix Meiner Verlag, 1967.

Hegel, G. W. F., *Phänomenologie des Geistes*, Felix Meiner Verlag, 1952.

Hegel, G. W. F., *Wissenschft der Logik* II, Felix Meiner Verlag, 1975.

Horstmann, R. P. & Petry, M. J.(hrsg.), *Hegels Philosophie der Natur*, Klett-Cotta, 1986.

Koch, A. F. & Schick, F.(hrsg.), *Wissenschaft der Logik*, Akademie, 2002.

Koyré, A., *From the Closed World to the Infinite Universe*, The Johns Hopkins Press, 2016.

Neuser, W. & Hösle, V.(hrsg.), *Logik, Mathematik und Naturphlosophie im objektiven Idealismus*, Könighausen & Neumann, 2004.

Newton, I., *Principia*, A. Motte(trans.), University of California Press, 1934.

Petry, M. J.(ed.), *Hegel and Newtonism*, Kluwer Akademic Publishers, 1993.

Pinkard, T., "Hegel's Philosophy of Mathematics", *Philosophy and Phenomenological Society* Vol. 41 No. 4, International Phenomenological Society, 1981.

Robinson, A., "The Metaphysics of the Calculus". in J. Hintica(ed.), *The Philosophy of Mathematics*, Oxford University Press, 1969, pp.153-163.

Rucker, R., *Infinity and the Mind*, Princeton University Press, 2005.

Russell, B., *The Principles of mathematics*, Norton, 1950.

Stern, R., *G. W. F. Hegel Critical Assessment* III, Routledge, 1993.

Theunissen, M., *Sein und Schein*, Suhrkamp, 1978.

Wallace, D. F., *Everything and more*, W. W. Norton & Company, 2010.

Zhang Hong & Zhuang Yan, "Philosophical Infinity and Mathematical Infinity", *Philosophy of Mathematics Education Journal*, Issue 35, 2019.

조홍길

부산대에서 박사학위를 받았다. 저서로는 《욕망의 블랙홀》, 《헤겔의 사변과 데리다의 차이》, 《헤겔, 역과 화엄을 만나다》, 《나를 향한 열정》, 《무아의 새벽》, 《기술과 만남》이 있으며, 역서로는 《기독교의 정신과 그 운명》이 있다. 현재 동서사상의 대화와 만남에 관심이 많다.

무한을 향한 열정

초판인쇄   2021년 8월 31일
초판발행   2021년 8월 31일

지은이   조홍길
펴낸이   채종준
펴낸곳   한국학술정보㈜
주소   경기도 파주시 회동길 230(문발동)
전화   031) 908-3181(대표)
팩스   031) 908-3189
홈페이지   http://ebook.kstudy.com
전자우편   출판사업부 publish@kstudy.com
등록   제일산-115호(2000. 6. 19)

ISBN   979-11-6603-509-8 93100